CW01067198

Anstoß 2

Carole Shepherd | **Angela Heidemann** | **Andy Giles**

03/52

THE VALE OF ANCHOLME SCHOOL
GRAMMAR SCHOOL ROAD
BRIGG
SOUTH HUMBERSIDE
DN20 8BA

Hodder & Stoughton
A member of the Hodder Headline Group

Acknowledgements:

The authors would like to thank Joe Doll, Cap Gere and associates for their musical contributions to Anstoß 2; Tim Weiss, Vicky Weber, Katherine Pageon, Steven Turnbull and all the artists who have been involved with this project, especially Chris Blythe who has brought our characters to life.

In addition we would like to thank teachers and students of German at Ryton Comprehensive, Gateshead for their ongoing advice to the authors.

Last, but not least, we would like to thank our families for their encouragement and support during the long hours we spent writing and proofreading, in particular Caterina Bidetta; Bernhard, Ben and Nick Heidemann.

The publishers have made every possible effort to trace all copyright holders. In the few cases where copyright holders could not be traced, due acknowledgement will be given in future reprintings if copyright holders make themselves known to the publishers. The authors and publishers would like to thank the following for permission to reproduce material:

Fashion advert, p.46, Boecker, Essen, Germany; Cartoons, p.99, HATRICK-FILM AG, CH-7013 Domat/Ems, Schweiz; Ecstasy advert, p.107, Bundeszentrale für gesundheitliche Aufklärung; Language school leaflet, p.127, Clydeforth Language Centre; Hotel adverts, p.155, Bolzano Tourist Board, Italy.

Photo acknowledgements

pp.12, 115 © Bischoff Copyright; p.13 (Berlin Wall, Destruction of the Wall, Brandenburg Gate) © Jürgen Muller Schneck; pp.13 (Reichstag), 100-1 (animals) © Corel Professional Photos; p.17 (The Beatles) © Popperfoto, (Kylie Minogue) © Fremantle Media Stills Library, (Madonna) © PA Photos, (Destiny's Child) © Jim Sharpe/Redferns, (Elvis) © Corbis ZCV4529, (Robbie Williams) © S.I.N/Corbis; p.23 © Ronnen Eshel/Corbis; p.25 Damien Lovegrove/Science Photo Library; pp.29, 72 (beach), 98 © Still Pictures/Argus; p.35 © Franck Seguin/Corbis; pp.45, 51, 58, 100-1 (schoolchildren), 109, 114 (top), 127 (top), 129 (school children), 131, 135, 137 (top left) © Catherine Weiss; p.59 (Nikolaus) © Marcus Gloger/JOKER, (fireworks) © Randy Faris/Corbis, (Christmas Tree) © Philip Harvey/Corbis; pp.59 (Baby Jesus), 74 © AKG /Erich Lessing; p.71 © Vittoriano Rastelli/Corbis; p.72 (Helgoland) © Rykoff Collection/Corbis, (Cologne) © A.Ward/Life File, (Meran) © Fulvio Roiter/ Corbis; p.75 © Augustin Ochsenreit/South Tyrol Museum of Archaeology, Italy; p.77 (Crete) © Gail Mooney/Corbis, (Amsterdam) © Farrel Grehan/Corbis, (Zurich) © Richard T. Nowitz/Corbis, (Vienna) © Tim Thompson/Corbis; p.78 © Jesper Dijohn; p.81 © A.Ward/Life File; pp.86, 87 © Emma Lee/Life File; p.89 © L.Oldroyd/Life File; p.94 © Aubrey Slaughter/Life File; p.106 (left) © Laura Dwight/Corbis, (middle) © Thomas Raupach/Still Pictures, (left) © Dennis Degnan/Corbis; p.114 (bottom) © Neil Brake/Associated Press; pp.117, 118 © Action Plus; p.118 (right) © PA Photos; p.123 © The Ronald Grant Archive; p.127 (middle & bottom) © Jim Owen; p.132 © Bavaria Film; p.137 (middle left) © Dave Thompson/Life File, (middle right) © Sally Greenhill, (right) © Photopool; p.138 © Kelly Mooney Photography/Corbis; p.148 (top right) © Greg Evans International, (left) Adam Woolfitt/Corbis, (bottom right) © Wolfgang Kaehler/Corbis; p.149 (left) © Kit Houghton/Corbis, (right) © Frank Lane Picture Agency/Corbis, (bottom) © Fraser Ralston/Life File; p.156 (left) © K.M Westermann/Corbis, (right) © Owen Franken/Corbis; p.159 © Cliff Threadgold/Life File; p.161 © Layne Kennedy/Corbis; p.162 © Lawrence Manning/Corbis.

Orders: please contact Bookpoint Ltd, 130 Milton Park, Abingdon, Oxon OX14 4SB. Telephone: (44) 01235 827720. Fax: (44) 01235 400454. Lines are open from 9.00 - 6.00, Monday to Saturday, with a 24 hour message answering service. Email address: orders@bookpoint.co.uk

British Library Cataloguing in Publication Data
A catalogue record for this title is available from the British Library

ISBN 0 340 78231 5

First Published 2002

Impression number	10	9	8	7	6	5	4	3	2	1
Year			2007	2006	2005	2004	2003	2002		

Language Advisor: **Heiner Schenke**
Cover photo from **The Apple Agency Ltd**
Typeset by **Carla Turchini, Graphic Design**
Printed in Italy by Printer Trento for Hodder & Stoughton Educational, a division of Hodder Headline Plc, 338 Euston Road, London NW1 3BH.

Contents

Hallo!

Before writing the **Anstoß** series of textbooks we asked a number of students what they liked and disliked about learning German and their current textbooks. In **Anstoß** we have tried to act on their advice and to include language which you would find useful during a visit to a German-speaking country.

As with **Anstoß 1**, the cartoon stories are based around a group of young people who play in a band and want to become rich and famous. These cartoons use German in situations which have been made as realistic as possible. They give you the sort of language young German speakers use regularly. We hope you will also want to read the cartoons and find out what happens to Heinz, David, Pia, Yasemin and their friends Laura and Matthias.

The popular German musician, Joe Doll and his friend Cap Gere have produced rap songs for the Anstoß-Band. These raps revise the main vocabulary in each unit. You can just listen to them, or sing along and even create your own raps. We hope you will find it a good way to learn the new words and phrases!

We have tried to make all the activities in **Anstoß 2** as interesting and as varied as possible, while including all the grammatical structures you will need to know for Key Stage 3. At the end of each chapter the *Aussagesätze* list the key phrases you have learned in the chapter either in English or in German, and encourage you to look back over the chapter to check you know these phrases. We hope in this way you will be able to build up a good range of vocabulary and grammatical structures.

Viel Spaß mit **Anstoß 2**!

Carole Shepherd, Angela Heidemann, Andy Giles

The following symbols are used in this book:

 Reading activity

 Listening to a song

 Listening activity

 Writing activity

 Speaking activity

 Pair work

 Group work

 Games icon

 Reminds you not to write in the textbook – copy the table or box into your own exercise book.

 These are the key phrases you have learned in each chapter.

 These boxes give helpful advice on how to pronounce words and letter combinations which English speakers find difficult.

 These boxes sum up grammatical information introduced in each chapter – you can use them as a reference when attempting homework activities or when the teacher is not available in class.

 These boxes give helpful advice on grammatical structures.

 These boxes give useful vocabulary related to the topic. We do recommend you learn as many of these words as you can!

 These boxes give vocabulary related to a specific listening or reading activity.

 These boxes give an insight into the culture of German-speaking countries.

 These boxes give you useful advice on how to use a dictionary.

 These boxes give useful website addresses. Obviously some of these may change after the book has gone to print. We will make every effort to check these regularly and post changes on the Hodder and Stoughton **Anstoß** website: www.anstoss.co.uk

 These boxes give you advice about expressions you will need to use regularly.

These boxes give you some useful study tips.

Einheit A	Die Einladung

Lernziele

In Unit 1A you will learn how to
- *give an invitation*
- *accept an invitation*
- *reject an invitation*

1 **Lies den Cartoon und hör zu! Was bisher passiert ist …**

Laura und David Miller ziehen nach Mainz.

Heinz macht eine Geburtstagsparty. Laura tanzt mit Matthias.

David spielt bei Anstoß Keyboard.

Heinz, David spielt Keyboard!

Klasse!

Ein Lied für Berlin.

Hallo Pia! Hallo David! Hallo Heinz! …

Pommes! Mein neuer Spitzname ist Pommes!

Das müsst ihr lesen! Sollen wir da mitmachen?!!

Zeig uns die Zeitung mal!

Wettbewerb
Ein Lied für Berlin

Seid ihr unter 18 Jahren? Habt ihr eine Band?
Dann schreibt ein Lied über eure Band
und schickt es uns (auf Cassette, CD oder MiniDisk).

Erster Preis
Eine Reise nach **Berlin** für die ganze Band!

2 Schreib was! Korrigiere die Sätze

Beispiel   David ist der Onkel von Laura.   *David ist der Bruder von Laura.*

1 David und Laura kommen aus Irland.

2 David und Laura wohnen in einem alten, kleinen Haus.

3 Heinz feiert seine Party im Wohnzimmer.

4 Laura tanzt mit Pia.

5 Heinz spielt Schlagzeug in der Band.

6 Yasemins Spitzname ist „Pommes".

7 Pia hat schwarze Haare.

8 Man kann eine Reise nach Wien gewinnen.

Grammatik

Das Präsens – Wiederholung

In **Anstoß 1** we used the **Present Tense**, which describes what is happening at the present time.

Weak Verbs

Weak verbs take their stem from the infinitive and add the present tense endings:

spielen (*to play*)

ich spiel**e**	wir spiel**en**
du spiel**st**	ihr spiel**t**
er / sie / es spiel**t**	Sie / sie spiel**en**

Some verbs need to add an extra **-e-** before the ending to make it easier to pronounce:

arbeiten (*to work*) du arbeit**est** er / sie / es arbeit**et**

Strong Verbs

Strong verbs change slightly in the present tense, but normally it is the stem which changes, not the ending. You will find a list of strong verbs at the back of this book. In the present tense of these verbs, most of the changes of the stem fall into three types:

1 Verbs which add an **umlaut** to the vowel on the **du / er / sie / es** parts of the verb:

  eg. fahren (*to travel*) du f**ä**hrst er / sie / es f**ä**hrt

2 Verbs which change an **-e-** to an **-i-** for the **du / er / sie / es** parts of the verb:

  eg. sprechen (*to speak*) du spr**i**chst er / sie / es spr**i**cht

3 Verbs which change an **e** to **ie** on the **du / er / sie / es** parts of the verb only:

  eg. lesen (*to read*) du l**ie**st er/sie/es l**ie**st

haben and sein

Some verbs, like **haben** and **sein,** are very important and must be learned by heart!

haben (*to have*)	**sein** (*to be*)
ich habe	ich **bin**
du ha**st**	du **bist**
er / sie / es ha**t**	er / sie / es **ist**
wir haben	wir **sind**
ihr habt	ihr **seid**
Sie/sie haben	Sie/sie **sind**

i.e. only irregular in **du / er / sie / es**	**i.e.** irregular in all parts of the verb

Separable verbs

Separable verbs consist of two parts – the **verb** and the **separable prefix**. In a dictionary you will find them as one word:

eg. aufstehen
  ausgehen
  zurückkommen

However, in a sentence they are often split up:

Ich stehe **auf**. – *I get up.*

Du gehst **aus**. – *You go out.*

Ich komme später **zurück**. – *I'm coming **back** later.*

3 Lies was! Ich will Popstar werden!

Diskutiere. Was ist richtig und was ist falsch? Finde Beispiele.
Mache eine Liste. Was meinst du?

Um Popstar zu werden, muss man …

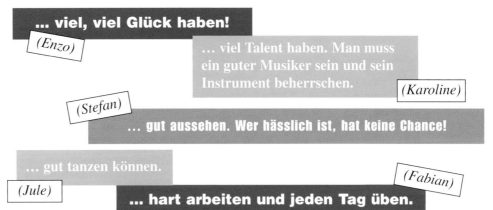

... viel, viel Glück haben! *(Enzo)*

... viel Talent haben. Man muss ein guter Musiker sein und sein Instrument beherrschen. *(Karoline)*

(Stefan) ... gut aussehen. Wer hässlich ist, hat keine Chance!

... gut tanzen können. *(Jule)*

(Fabian) ... hart arbeiten und jeden Tag üben.

Grammatik

Um … zu …

When **um** and **zu** are used together in this way they mean **in order to**.

eg. Man muß sehr intelligent sein, **um** Professor **zu** werden.

Notice that in the example above, the infinitive of the verb follows the **zu**. If a separable verb is used, **zu** must be put between the two parts of the verb:

eg. Wir müssen früh aufstehen, **um** rechtzeitig in der Schule anzukommen.

Sometimes in English we say "to" rather than "in order to", but in German we must use **um … zu** + infinitive.

I Übung Schreib was! Was passt zusammen?

Beispiel **1** c *Man muss sehr fit sein, um ein Profi-Fußballer zu werden.*

1 Man muss sehr fit sein, — a um Rennfahrer zu werden.
2 Man muss sehr intelligent sein, b um Musiker zu werden.
3 Man muss schön aussehen, c um ein Profi-Fußballer zu werden.
4 Man muss viel üben, d um Fotomodell zu werden.
5 Man muss sehr groß sein, e um Basketball zu spielen.
6 Man muss gut Auto fahren, f um Professor zu werden.

II Übung Schreib was! um … zu …

Beispiel Ich muss hart arbeiten. Ich will Popstar werden.
Ich muss hart arbeiten, um Popstar zu werden.

1 Ich brauche ein Wörterbuch. Ich will diese Übung machen.
Ich brauche ein Wörterbuch, um diese …
2 Man muss viel Glück haben. Man will die Lotterie gewinnen.
3 Er muss viel Talent haben. Er will ein guter Musiker sein.
4 Der Spieler muss sehr fit sein. Er will Weltmeister werden.
5 Er muss eine CD machen. Er will berühmt werden.

4   **Lies den Cartoon und hör zu! – Die Einladung**

Erste Hilfe

Wir haben gewonnen!	We have won!
der Platz	place
sicher	sure
das Tagebuch	diary

Pia:	Hallo, Pommes! Komm rein! Setz dich!
Pommes:	Danke schön! Hallo, Leute!
David:	Hi!
Pommes:	Hier ist ein Brief aus Berlin.
Yasemin:	Lies mal!
Matthias:	Was steht drin?
Pommes:	Wir haben gewonnen! Unser Lied hat gewonnen!
Pia:	Was haben wir denn gewonnen?
Pommes:	Ein Wochenende in Berlin für die ganze Band!
Matthias:	Toll!
Yasemin:	Schade! Ich darf nicht mitfahren.
David:	Warum denn nicht?!
Yasemin:	Meine Eltern sind sehr streng. Ich darf nicht mit Jungen wegfahren.
Laura:	Bist du sicher?
Yasemin:	Ja, ganz sicher.
Pia:	Was können wir tun?
Yasemin:	Schreibt ein Tagebuch und macht Fotos!
Pommes:	Gute Idee!
Pia:	Das machen wir!!!

5   **Lies was! Stereo Musik Magazin**

Stereo Musik Magazin

Mecklenburgische Str. 35,
14197 Berlin
E-mail: musik@stereomm.de
Internet: www. stereomm.de
Tel. (030) 8 79 850
Fax. (030) 8 79 85 33

An
Herrn Heinz Schuh
Wiesenweg 13
D - 87510 Mainz

Berlin, den 24. Juni

Wettbewerb – Ein Lied für Berlin

Sehr geehrter Herr Schuh

Herzlichen Glückwunsch!

Sie haben den ersten Platz in unserem Wettbewerb für junge Bands gewonnen!

Wir laden die ganze Anstoß-Band ein, für ein Wochenende nach Berlin zu kommen.

Datum: 20. – 22. September

Am Samstagabend gibt es eine Überraschung für Sie!

Bitte schreiben Sie uns, ob Sie kommen können und wie viele Personen mitfahren.

Mit freundlichen Grüßen,

Hugo Semmel

Hugo Semmel
Stereo Musik Magazin

6 Schreib was! Die Einladung (1)

Wie heißt das auf Deutsch? Finde die Ausdrücke im Cartoon und im Brief.

1 come in
2 take a seat
3 thank you very much
4 congratulations
5 we invite the whole Anstoß band
6 a surprise

7 Schreib was! Die Einladung (2)

Sieh den Cartoon und den Brief an. Beantworte die Fragen auf Deutsch.

Beispiel Was hat Pommes? *Pommes hat einen Brief.*

1 Woher kommt der Brief?
2 Was hat die Band gewonnen?
3 Wer kann nicht mitkommen?
4 Wie sind Yasemins Eltern?
5 Was macht die Band für Yasemin?
6 Wann fährt die Band nach Berlin?
7 Wann gibt es eine Überraschung?

8 Lies was! Unser Hobby!

Unser Hobby!
Bist du unter 18 Jahren?
Treibst du gern Sport?
Möchtest du Hockey spielen?
Hockey ist unser Lieblingshobby!
Wir treffen uns freitags im Sportzentrum.
Komm mit!

9 Sieh „Unser Hobby!" an

Schreibe eine ähnliche Einladung. Du musst folgende Informationen auf Deutsch geben:
*Look at **Unser Hobby!** and write a similar invitation.*
You must include the following information:

● dein Lieblingshobby
● wie oft du das machst
● wann du das machst
● wo du das machst

Vokabeltipp — Gäste begrüßen

Willkommen!	Welcome!
Komm / Kommt / Kommen Sie rein!	Come in!
Komm / Kommt / Kommen Sie mit!	Come along!
Setz dich! / Setzt euch! / Setzen Sie sich!	Take a seat!
Nett, dich / euch / Sie kennen zu lernen.	Nice to meet you!
Möchtest du / Möchtet ihr / Möchten Sie etwas trinken?	Would you like a drink?
Ja, bitte! / Nein, danke!	Yes, please! / No, thank you!

S p r a c h t i p p

Imperativ – Wiederholung

When you are telling someone what to do or are giving orders, think about who you are talking to!

1 If you are talking to one person, who is a friend or a relative, use the **du** form:

i.e. Use the **du** part of the verb, without the **-st** ending and without the word **du:**

eg. Komm 'rein! Setz dich!

2 If you're talking to more than one person and they are friends or relatives, use the **ihr** form:

i.e. Use the **ihr** part of the verb, without the word **ihr:**

eg. Kommt 'rein! Setzt euch!

3 If you're talking to adults formally, use the **Sie** form:

i.e. Use the **Sie** part of the verb, followed by the word **Sie:**

eg. Kommen Sie 'rein! Setzen Sie sich!

10 **Schreib was! Besuch vom Mars**

- -

Danke!   Willkommen!   Ja, bitte!   Kommen Sie herein.   Möchten Sie etwas trinken?

Setzen Sie sich!   Nein, danke!   Guten Tag!   Nett, sie kennen zu lernen!

- -

Vokabeltipp **Danke!**

Danke für deinen / Ihren Brief.
Vielen Dank für deine / Ihre Gastfreundschaft.
Danke schön für die Einladung.
Herzlichen Dank für das Geschenk.
Danke vielmals für die Blumen.

 Kulturtipp **Einladen**

„Ich lade dich zu meiner Party ein!" means "I invite you to my party."

But if someone says „Ich lade dich ein!" (eg. in a restaurant), it can also mean "this is on me – I'm buying."

11 Lies was! Einladungen

A

EINLADUNG

Ich mache
am 23.1.
um 18 Uhr
ein Kostümfest.
Kommst du?

P.S. Bring bitte CDs mit!

B

PARTY!

Am Freitag macht die Klasse 9b
eine Party in der Turnhalle.
Wir haben tolle Musik,
Cola und Brötchen.
Kommt ihr auch?
Bitte bei Jens und Anke
in der 9b melden.

P.S. Bringt Turnschuhe mit!

12 Wer will zu welcher Party?

1 Robby ist Sportler.
2 Sven will sich nicht verkleiden.
3 Klaus sagt: „Gut, ich komme verkleidet!"
4 Anja sagt: „Ja gerne, ich bringe die CDs mit!"

13 Schreib eine Einladungskarte

Du machst eine Geburtstagsparty. Schreib eine Einladungskarte. Such dir Sätze aus dem Vokabeltipp aus!

14 Eine Einladung

A Du machst eine Geburtstagsparty.
Lade deinen Partner zur Party ein.
B Danke deinem Partner.
Nimm die Einladung an <u>oder</u> lehne die Einladung ab.

Vokabeltipp Einladungen

Morgen	mache ich	eine Party.
Am Samstag		eine Geburtstagsparty.
Am 26. Februar		ein Kostümfest.
Anfang: 18 Uhr	Ende: 22 Uhr	
Kommst Du? / Kannst du kommen?		
Bring bitte	Cassetten / CDs	mit.
	etwas zu trinken / essen	

EINLADUNGEN ANNEHMEN
Vielen Dank für die nette Einladung.
Ich habe mich wahnsinnig über die nette Einladung gefreut.
Es wäre toll dich wiederzusehen.

EINLADUNGEN ABLEHNEN
Es tut mir Leid, aber ich kann nicht kommen.
ich muss deine Einladung ablehnen.
Leider kann ich nicht kommen.

Grammatik

Wortstellung

In German sentences, words sometimes seem jumbled up and in a different order to their English equivalent. German has quite strict rules about its **word order**. Once you know these rules, it becomes much easier!

Look at these sentences:

Hier **ist** ein Brief aus Berlin.	*Here **is** a letter from Berlin.*
Wir **haben** gewonnen!	*We **have** won!*
Meine Eltern **sind** sehr streng.	*My parents **are** very strict.*

In German, the verb normally has to be the **second idea** in the sentence, although **not** necessarily the second word:

Am Wochenende **fährt** die Band nach Berlin.
　　　1　　　　 2　　 3　　　 4

*The Band **is travelling** to Berlin at the weekend.*

Ich darf nicht mit Jungen **wegfahren**.
 1　　 2　　 3　　　 4　　　　　 5

*I'm not **allowed to go** away with boys.*

I　Übung

Put the verbs in brackets in the correct place in the sentence.

1　Am Samstag es eine Überraschung für Sie! (**gibt**)
2　Sie den zweiten Platz in dem Wettbewerb gewonnen. (**haben**)
3　Die Band nach Berlin. (**kommt**)
4　Ich nicht mitkommen. (**darf**)
5　Ich Türkin. (**bin**)

Pass auf!

In commands, the verb normally comes first:

eg.	Komm rein!	*Come in!*
	Lies mal!	*Read!*

In **questions**, the verb either goes first or after the question word(s):

Darfst du mitkommen?	*Are you allowed to come?*
Spielst du ein Instrument?	*Do you play an instrument?*
Was **steht** drin?	*What does it say?*
Was **haben** wir gewonnen?	*What have we won?*
Wann **fährt** die Anstoß-Band nach Berlin?	*When is the Anstoß-Band traveling to Berlin?*
Um wie viel Uhr **fahren** wir?	*At what time are we traveling?*

Wann? Wie? Wo? (Time-Manner-Place)

Many sentences tell us **when** we do something, **how** we do something and **where** we do something. In English the order in which we give this information is very flexible:

I'm going to the cinema tonight with my friends. / I'm going to the cinema with my friends tonight. / Tonight I'm going with my friends to the cinema.

In German, we can start a sentence with almost any word, as long as we keep the verb second, but **after** the verb the order of other expressions should be in the order: **Time** – Manner – **Place**

Ich gehe heute Abend mit meinen Freunden ins Kino.
　　　　　T　　　　　　　　 M　　　　　　　　 P

Heute Abend gehe ich mit meinen Freunden ins Kino.
　　　 T　　　　　　　　 M　　　　　　　　　 P

Wir kommen morgen mit dem Zug nach Berlin.
　　　　　 T　　　　　　 M　　　　　 P

II　Übung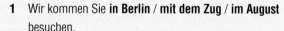

Write out the sentences, putting the three elements in the correct order.

1　Wir kommen Sie **in Berlin** / **mit dem Zug** / **im August** besuchen.
2　Hugo Semmel kommt **zuerst** / **ins Hotel** / **zu Fuß**.
3　Wir gehen **zum Konzert** / **heute Abend** / **zusammen**.
4　Wir fahren **durch Berlin** / **mit dem Bus** / **später**.
5　Er kommt **allein** / **in Berlin** / **um 8 Uhr** an.

Kulturtipp **Briefe schreiben**

Remember when you write a letter in German you don't put your address on the letter. Instead it goes on the envelope (in the top left hand corner or on the back). However you do put the town and date in the top right hand corner of the letter like this:

Cardiff, den 9. Februar

You must remember to use the correct form of "Dear" and "you":

	Anrede	Nominativ	Akkusativ	Dativ	Possessiv	Gruß
Informal, one person	Lieber Jens, Liebe Annette,	du	dich	dir	dein	dein, deine,
Informal, more than one person	Lieber Sven und Liebe Anja,	ihr	euch	euch	euer	euer, eure,
Formal, one person or more than one person	Lieber Herr Off, Liebe Frau Anders, Sehr geehrter Herr Braun, Sehr geehrte Frau Heinemann, Sehr geehrte Damen und Herren,	Sie	Sie	Ihnen	Ihr	Ihr, Ihre, Mit freundlichen Grüßen,

15 **Lies was! Eine Einladung annehmen**

```
          München, den 24. Juni

Liebe Familie Müller,
wir schreiben, um Sie zu
fragen, ob Sie bei uns die
Sommerferien verbringen
möchten.
Es wäre schön, Ihre ganze
Familie wiederzusehen.
Schreiben Sie uns, ob es geht.
Mit freundlichen Grüßen
Familie Schuster
```

16 **Schreib was!**

Fülle die Lücken mit Wörtern aus dem Kästchen unten.

```
               Vaduz, den 3. Juli

_____ Familie Schuster,
vielen _____ für Ihre nette
_____. Wir kommen Sie gerne im
August besuchen.
Leider kann unser Sohn nicht
_____. Wir sind also nur drei.
Wir _____ uns schon auf München!
Mit _____ _____,
Ihre Familie Müller
```

> mitkommen   Einladung   freundlichen Grüßen
> Liebe   freuen   Dank

Grammatik

Pronomen

A Nominative, Accusative and Dative Pronouns

Pronouns are words we can use instead of nouns to save repetition. Remember that they change, according to which **case** they are in:

The **subject** of the verb is in the **nominative** (the person or thing **doing** the action of the verb).

The **direct object** is in the **accusative** (the person or thing **suffering** the action of the verb).

The **indirect object** is in the **dative** (the person or thing **to** whom or **to** which something is being given, done, shown or said).

Nominative (Subject)	Accusative (Direct Object)	Dative (Indirect Object)
ich – I	**mich** – me	**mir** – to me
du – you	**dich** – you	**dir** – to you
er – he, it	**ihn** – him, it	**ihm** – to him, to it
sie – she, it	**sie** – her, it	**ihr** – to her, to it
es – it	**es** – it	**ihm** – to it
wir – we	**uns** – us	**uns** – to us
ihr – you	**euch** – you	**euch** – to you
Sie – you	**Sie** – you	**Ihnen** – to you
sie – they	**sie** – them	**ihnen** – to them

B Possessive Pronouns

These pronouns are like the possessive adjectives **mein** (mine); **dein** (yours); **sein** (his, its); **ihr** (hers, its); **unser** (ours); **euer** (yours); **Ihr** (yours); **ihr** (theirs).

When they are used in this way they use the endings of **der** / **die** / **das**:

eg. Wo sind unsere Taschen? Das ist **meine** und hier ist **deine**.
Where are our bags? That is mine and here is yours.

	Masculine	Feminine	Neuter
Nominative	mein**er**	mein**e**	mein**s**
Accusative	mein**en**	mein**e**	mein**s**
Dative	mein**em**	mein**er**	mein**em**

I Übung

Replace the words in bold print with the correct pronoun. (Remember! The pronoun you use must be in the same case as the noun in the original sentence!)

1 Heinz singt **ein Lied**.
2 Yasemin zeigt **den anderen** die Zeitung.
3 **David und Laura** kommen aus Schottland.
4 Laura tanzt mit **Matthias**.
5 Wir haben **Heinz** gehört.
6 **Mein Bruder und ich** machen **Fotos**.
7 Sie haben **ihren Preis** bekommen.
8 Ich höre **die Bands** live.
9 Ist das sein Geschenk? Nein, das ist **mein Geschenk**!
10 Fahren wir mit deinem Wagen? Ja, mit **meinem Wagen**.

---

17 Schreib was! Ein Brief an das Stereo Musik Magazin

Lies den Brief vom Hugo Semmel (unter dem Cartoon **Die Einladung**) noch einmal. Hilf Pommes! Er muss einen Antwortbrief an Hugo schreiben. Du musst diese Dinge schreiben:

1 Absender
2 Adresse
3 Ort und Datum
4 Anrede
5 Danke für Einladung nach Berlin
6 Wir kommen!
7 Vier Personen
8 Wir freuen uns!
9 Gruß

www.

Brieffreunde
Suchst du Brieffreunde oder Chatfreunde?
● http://chat.schulweb.de/
● www.kindersache.de/interakt/
● www.kindernetz.de/kik/kikdorf/postamt/postamt
Willst du eine Virtuelle Postkarte schreiben?
● www.world-wide-postcards.de
● www.papierlose-postkarten.de

Einheit B　Ein Besuch in Berlin

Lernziele

In Unit 1B you will learn how to describe
- *a visit that you have made*
- *what you did on this visit*
- *what you saw on this visit*

1　Lies und hör zu! Pias Berlin-Tagebuch

Dieses Foto hat David im Restaurant gemacht.

FREITAG, DEN 20. SEPTEMBER

8 Uhr – Wir sind mit dem Zug nach Berlin gefahren.

17 Uhr – Der Zug ist in Berlin angekommen. Das Hotel ist riesig groß und supermodern. Es ist direkt am Ku'damm in der Stadtmitte von Berlin!!! Hugo Semmel vom Stereo-Magazin ist ins Hotel gekommen. Dann haben wir in einem teuren Restaurant gegessen. Leider hat das Essen nicht so gut geschmeckt – ich mag lieber Pizza! Die anderen Bands sind auch da gewesen.

SAMSTAG, DEN 21. SEPTEMBER

9.45 Uhr – Ich habe zu lange geschlafen! Ich habe schnell geduscht und danach gefrühstückt.

10 Uhr – Haben Hugo Semmel im Hotel getroffen. Wir sind dann zum Fototermin ans Brandenburger Tor gefahren. Dann hat eine Make-up-Frau uns alle geschminkt, sogar Pommes!!! Leider hat es ein bisschen geregnet.

12 Uhr – Wir sind ins Stereo-Studio gegangen. Es hat ein tolles Buffet gegeben. Danach haben wir unseren Preis bekommen! Hugo hat die Band nächstes Jahr zum Jugendmusik-Workshop in Bozen eingeladen – geil!!! Hugo hat gesagt, wir gehen heute Abend zum Berliner Open-Air Konzert!!! Später sind wir durch Berlin gelaufen. Wir haben viel gesehen! Ich habe tolle Klamotten gekauft!

SONNTAG, DEN 22. SEPTEMBER, 2 UHR MORGENS!

Ich kann nicht schlafen! Das Konzert ist so aufregend gewesen! Wir haben meine Lieblingsband „Pur" gehört! Ich bin ganz vorne gewesen. Ich habe den ganzen Abend getanzt. Und dann hat Hugo eine Überraschung für uns gehabt: Nach der Show sind wir hinter die Bühne gegangen. Wir haben die Stars getroffen! Die Jungs von „Pur" sind soooo süß gewesen!!! Ich habe von allen Autogramme bekommen.

Erste Hilfe

ist angekommen	has arrived
der Fototermin	photo shoot
die Klamotten	clothes (slang expression)
den ganzen Nachmittag	all / the whole afternoon
aufregend	exciting
die Überraschung	surprise
hinter die Bühne	backstage
das Autogramm	autograph

2 Schreib was! Fragen zum Cartoon

Richtig, falsch oder nicht im Cartoon? Schreibe **R**, **F** oder **?**

1 Der Zug ist um 8 Uhr in Berlin angekommen.

2 Pia hat zum Abendessen eine Suppe gegessen.

3 Pia ist am Samstag früh aufgewacht.

4 Das Wetter ist am Samstagmittag nicht gut gewesen.

5 Am Samstagnachmittag hat Pia eine Hose gekauft.

6 Pia hat auf dem Konzert viel getanzt.

7 Das Konzert hat Pia nicht gefallen.

8 Pia hat ein Autogramm von Hugo Semmel bekommen.

 Pur
Hier findest du Infos über die Band Pur:
● www.pur.de
● www.pur-fans.de

3 Schreib was! Pias Samstag in Berlin

Sieh dir den Cartoon noch einmal an. Was hat Pia am Samstag gemacht? Ordne die Sätze.

Beispiel   **1** *d)*

1 Als Erstes …

2 Dann …

3 Danach …

4 Später …

5 Dann …

6 Danach …

7 Am Ende …

a) habe ich in Berlin eingekauft.

b) haben wir unseren Preis gekriegt.

c) hat Hugo Fotos gemacht.

d) habe ich geduscht.

e) haben wir das Pur-Konzert live gehört.

f) hat uns eine Frau geschminkt.

h) habe ich im Hotelrestaurant gefrühstückt.

Vokabeltipp   In der Vergangenheit erzählen

Als Erstes …	Firstly / At first, …
Dann … / Danach …	Then … / After that …
Später …	Later …
Zum Schluss … Am Ende …	In the end / Finally, …

Pass auf!

Remember if you use any of these time expressions at the beginning of a sentence the verb must come next!

Sprachtipp

Genitiv

The **genitive case** is used to show possession. In English, we add an apostrophe plus "-s" to a noun to show to whom something belongs:

eg. *My mother's car; David's house*

In German, you can only do this with the name of a person. Notice that in German there is <u>no</u> apostrophe:

eg. Pommes Spitzname   Yasemins Eltern   Davids Schwester   Pias Samstag

Kulturtipp Berlin

Berlin ist die Hauptstadt Deutschlands. Hier sitzt die Regierung.

Die BRD und die DDR 1949 – 1990

Ende des 2. Weltkrieges:

Die Alliierten (Frankreich, Großbritannien, die Vereinigten Staaten und die Sowjetunion) teilen Deutschland und Österreich in vier Zonen. Es gibt auch in Berlin vier Zonen: eine französische, eine britische, eine amerikanische und eine sowjetische Zone.

1949 Aus den drei westlichen Zonen entsteht die **Bundesrepublik Deutschland (BRD)**. Aus der sowjetischen Zone wird die **Deutsche Demokratische Republik (DDR)**

1955 Österreich wird wieder zu einer selbstständigen Republik.

Die Berliner Mauer

Nach 1949

Tausende von Menschen gefällt es in der DDR nicht. Sie gehen in den Westen.

1961 Die ostdeutsche Regierung baut die Berliner Mauer. Die Menschen in der DDR können nicht mehr in die BRD. Es gibt plötzlich einen „Eisernen Vorhang" mit Minen, Stacheldrahtsperren und Soldaten.

1961 – 1989 Fast 100 Menschen sterben, weil sie in den Westen flüchten wollen.

Die Wiedervereinigung

9. 11. 1989 Am Abend gehen Tausende von Ostdeutschen nach Westberlin.

3. 10. 1990 Elf Monate später ist Deutschland nach 45 Jahren wieder vereinigt.

Das Brandenburger Tor

Jahrelang war das Brandenburger Tor ein Symbol der deutschen Teilung. Direkt hinter dem Tor war die Mauer. Heute ist das Brandenburger Tor das Symbol der deutschen Wiedervereinigung.

Erste Hilfe

die Regierung	government
der Weltkrieg	world war
die Alliierten	the Allies
die Berliner Mauer	Berlin Wall
der Eiserne Vorhang	Iron Curtain
Minen	mines
Stacheldrahtsperren	barbed wire
flüchten	to flee
die Wiedervereinigung	re-unification (of Germany)

  www.

Berlin

Hier gibt es mehr Informationen über Berlin:
● www.berlin.de

Was kann man in Berlin sehen?

Mache eine Collage.

---

4 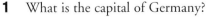 **Berlin: Beantworte die Fragen auf Englisch**

1 What is the capital of Germany?

2 How many zones was Germany divided into after the Second World War?

3 When was the Bundesrepublik Deutschland or BRD founded?

4 When was the Berlin Wall built?

5 Give the date when the Berlin Wall was finally opened.

6 How long after this was Germany reunited?

7 Explain the importance of the Brandenburger Tor.

Grammatik

Das Perfekt

Das Perfekt (the perfect tense) is a **past** tense:
I **have taken** a photo in the restaurant.
I **have bought** some great clothes!

Das Perfekt is used to describe what you **have done** / what you **did**:

David **hat** ein Foto **gemacht**.	David **has taken** a photo.
Pia **hat** auf dem Konzert viel **getanzt**.	Pia **(has) danced** a lot at the concert.
Der Zug **ist** in Berlin **angekommen**.	The train **(has) arrived** in Berlin

As you can see, the perfect tense consists of two parts:

● In English, the verb "to have" and the past participle.
● In German, the verb **haben** or **sein** and the past participle.

A   Verbs with haben

Most verbs use **haben** in the perfect tense. Can you remember how to form **haben** in the present tense?

haben – *to have*

ich	**habe**	wir	**haben**
du	**hast**	ihr	**habt**
er / sie / es	**hat**	Sie / sie	**haben**

The appropriate part of the verb **haben** goes **second** in the sentence, where you would expect the verb to be. The **past participle** goes to the **end** of the sentence or clause. Look at the following examples:

Present Tense	**Perfect Tense**
Ich **mache** viel.	Ich **habe** viel **gemacht**.
I do a lot.	*I have done a lot.*
Pia **tanzt** den ganzen Abend.	Pia **hat** den ganzen Abend **getanzt**.
Pia dances all evening.	*Pia has danced all evening.*

Weak Verbs

If you look at the past participles of German verbs, you will see that they begin with **ge-** and end in **-t**. The stem of the verb goes in the middle:
geschmeckt (schmecken); **gemacht** (machen); **getanzt** (tanzen)

Most **weak verbs** form their past participle in this way and they all follow the same pattern.

Strong Verbs

Strong verbs do not follow this rule and you have to learn their past participles separately. Their past participles normally end in **-en**. You will find the past participles of the most common strong verbs in the verb table at the back of the book. In this chapter we meet:

gegessen (essen); **geschlafen** (schlafen); **getroffen** (treffen); **gegeben** (geben); **gesehen** (sehen); **geschrieben** (schreiben); **getrunken** (trinken); **geholfen** (helfen); **geschienen** (scheinen); **genommen** (nehmen); **gesungen** (singen).

I   Übung

Complete these sentences in the perfect tense.

> **Beispiel**   Wir … in einem Restaurant … (essen)
>   *Wir haben in einem Restaurant gegessen.*

1   Sie _____ Hugo Semmel im Hotel _____ (treffen).
2   Ich _____ den ganzen Abend _____ (tanzen).
3   Pia _____ eine Hose _____ (kaufen).
4   Was _____ du am Samstag _____ (machen).
5   Die Studenten _____ Cola _____ (trinken).
6   Ihre Freundin _____ ihr _____ (helfen).
7   Elton John _____ Klavier _____ (spielen).
8   Früher _____ Max in Berlin _____ (wohnen).
9   Matthias und David _____ einen Brief _____ (schreiben).

B   Verbs with sein

Here is a reminder of the relevant parts of the present tense of the verb **sein**:

sein – to be

ich	**bin**	wir	**sind**
du	**bist**	ihr	**seid**
er / sie / es	**ist**	Sie / sie	**sind**

Some verbs use "sein" to form the perfect tense. Here are some examples:

Present Tense	**Perfect Tense**
Wir **kommen** nach Berlin.	Wir **sind** nach Berlin **gekommen**.
We are coming to Berlin.	*We have come to Berlin.*
Ich **fahre** mit dem Zug.	Ich **bin** mit dem Zug **gefahren**.
I travel by train.	*I have travelled by train.*

Most verbs that use **sein** to form their perfect tense are verbs expressing motion or movement. Here are the past participles of those you will meet in this chapter:

gekommen (kommen); **gefahren** (fahren); **gegangen** (gehen); **gelaufen** (laufen); **geschwommen** (schwimmen); **gezogen** (ziehen).

II Übung

Complete these sentences in the perfect tense:
(This time all the verbs use the verb **sein** to form the perfect tense!)

1 Wir _____ mit dem Zug nach Berlin _____ (fahren).
2 Hugo Semmel _____ ins Hotel _____ (kommen).
3 Nach der Show _____ sie hinter die Bühne _____ (gehen).
4 Er _____ im Meer _____ (schwimmen).
5 Letztes Jahr _____ die Familie nach Wien _____ (ziehen).

III Übung

Complete these sentences in the perfect tense:
(Now you have to decide whether to use **haben** or **sein**!)

1 Das Essen _____ sehr gut _____ (schmecken).
2 Wir _____ ins Studio _____ (gehen).
3 Ich _____ im Hotelrestaurant _____ (frühstücken).
4 David _____ viele Fotos _____ (machen).
5 Ihr _____ Fahrrad _____ (fahren).

IV Übung

Was passt zusammen? **A** oder **B**?

1 Wir sind …
   A in Bremen angekommen.
   B unseren Preis bekommen.
2 Yasemin hat …
   A früh am Samstagmorgen aufgewacht.
   B mit ihrer Mutter telefoniert.
3 Wir haben …
   A einen Test in Mathe geschrieben.
   B nach Mainz gezogen.
4 Die Familie ist …
   A drei Wochen in Spanien geblieben.
   B einen Onkel in Hamburg besucht.
5 Mein Vater ist …
   A einen Kuchen gemacht.
   B um acht Uhr in Bremen angekommen.

Pass auf!

a) There are two common past participles which are not formed from verbs of movement, but which use **sein** to form their perfect tense: **gewesen** (sein); **geblieben** (bleiben)

b) Verbs ending in **-ieren** do not have **ge-** at the beginning of the past participle:
telefoniert (telefonieren); **passiert** (passieren).

c) Inseparable verbs consist of two parts – a verb and a prefix – but as their name suggests, the two parts never separate, and are always written as one word.
In the perfect tense, inseparable verbs do not have **ge-** at the beginning of the past participle:
bekommen (bekommen); **gefallen** (gefallen); **besucht** (besuchen); **bezahlt** (bezahlen); **vergessen** (vergessen).

d) Remember that separable verbs also have two parts, which are sometimes written as one word. The past participle of a separable verb has the **-ge-** between the two parts of the verb, producing a "sandwich style" past participle!
angekommen* (ankommen); **aufgewacht*** (aufwachen); **ausgesprochen** (aussprechen); **eingekauft** (einkaufen); **eingeladen** (einladen); **hereingekommen*** (hereinkommen); **mitgekommen*** (mitkommen).
*also uses **sein** to form the perfect tense.

Wir haben gewonnen!

5 **Hör zu! Christians Samstag (1)**

Bringe die Bilder in die richtige Reihenfolge.

Beispiel **1** *Bild 3*

1

2

3

4

5

6

7

8

6 **Schreib was! Christians Samstag (2)**

Was hat Christian am Samstag gemacht? Beschreibe seinen Tag! Benutze die richtigen Verbformen.

Beispiel Zuerst …… Christian …… (duschen).
*Zuerst **hat** Christian **geduscht**.*

1 Dann _____ er _____ (frühstücken).
2 Später _____ er auf dem Internet _____ (surfen).
3 Am Nachmittag _____ er seine Oma _____ (besuchen).
4 Da _____ er den Rasen _____ (mähen).
5 Dann _____ seine Oma das Abendessen _____ (kochen).
6 Dann _____ er 30 Minuten auf den Bus _____ (warten).
7 Und es _____ _____ (regnen).
8 Er _____ mit seiner Mutter _____ (telefonieren).
9 Die Mutter _____ Christian ein Video _____ (bezahlen).

7 **Sag was! Christians Samstag (2)**

Arbeite mit einem Partner. Zeige auf die Bilder. Frage deinen Partner.

Beispiel Zeige auf Bild 1. Frage: *Was hat die Mutter gemacht?*
Dein Partner antwortet: *Die Mutter hat das Video bezahlt.*

8 **Das große Popquiz (1)**

Bist du ein Popexperte? Mach den Test!

1 Diese Gruppe hat mit den Liedern *Help!*, *Yesterday* und *Hey Jude* in den 60er Jahren Nummer 1-Hits gehabt. Wie heißen sie?
A Die Beatles
B Die Kinks
C Die Rolling Stones
D Die Stone Roses

2 Welche Sängerin hat eine Rolle in einer australischen Seifenoper gespielt?
A Nicole Kidman
B Britney Spears
C Kylie Minogue
D Kate Winslet

3 Dieser Sänger hat die Lieder *Love me Tender*, *Jailhouse Rock* und *Blue Suede Shoes* gesungen. Wie heißt er?
A Buddy Holly
B Elvis Presley
C Louis Armstrong
D Jerry Lee Lewis

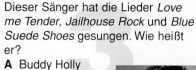

popquiz

4 Diese Sängerin hat ihren ersten Hit mit dem Lied *Like a Virgin* gehabt. Wie heißt sie?
A Cher
B Blondie
C Madonna
D Tina Turner

5 Wann hat Destiny's Child ihr erstes Album gemacht?
A 1987
B 1990
C 1998
D 2002

6 Bei welcher Band hat Robbie Williams gesungen bevor er eine Solo-Karriere gemacht hat?
A Beastie Boys
B Boyzone
C Take That
D Westlife

Antworten: 1A, 2C, 3B, 4C, 5C, 6C

9 **Schreib was! Das große Popquiz (2)**

Mache Sätze! Benutze das Perfekt.

Beispiel **1** (Name der Band) Hits in den 60er Jahren (haben).
Die Beatles haben Hits in den 60er Jahren gehabt.

2 (Name der Sängerin) eine Rolle in einer australischen Seifenoper (spielen).

3 (Name des Sängers) *Jailhouse Rock* (singen).

4 (Name der Sängerin) ihren ersten Hit mit *Like a Virgin* (haben).

5 Destiny's Child (Jahr) ihr erstes Album (machen).

6 Robbie Williams bei (Name der Band) (singen).

10 **Sag was! Das große Filmquiz**

Arbeite mit einem Partner. Mache ein Filmquiz. So kannst du zum Beispiel fragen:

● Wer hat in dem Film *Star Wars* die Rolle von **Obi Wan** gespielt?

● Welche Rolle hat **Eddy Murphy** in *Shrek* gespielt?

● Wie heißt **die Freundin** von Harry Potter?

● Wer hat den Film *Star Wars, Episode 1* gemacht?

11   Gruppenarbeit: Zwei Fußballteams

FC „Ich bin" gegen Blau-Weiß „Ich habe". Welche Verben bilden das Perfekt mit „haben" und welche mit „sein"? Mache eine Liste. Welche Mannschaft hat mehr Spieler?

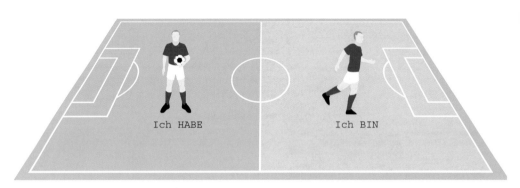

Ich HABE   Ich BIN

> gewesen   gegessen   gefahren   gelaufen   geschlafen   vergessen
> aufgewacht   gearbeitet   getrunken   getroffen   gekommen   gegangen
> geschrieben   gewartet   gelernt   geschwommen   gehört

Vokabeltipp   Wann?

heute Morgen	this morning
gestern	yesterday
vorgestern	the day before yesterday
vor fünf Minuten	five minutes ago
vor zwei Stunden	two hours ago
vor drei Tagen	three days ago
letzte Woche	last week
vorletzte Woche	two weeks ago
letzten Monat	last month
vor drei Monaten	three months ago
letztes Jahr	last year
vor 10 Jahren	10 years ago
am Montag	on Monday
am dreizehnten August	on 13th August
im Juli	in July
1983	in 1983
im vierzehnten Jahrhundert	in the 14th century

Pass auf!   **1999 Du brauchst kein „in"!**

Englisch: In 1999 I visited Germany.

Deutsch: ✗ 1999 habe ich Deutschland besucht.

12   Was bisher passiert ist (2)

Sieh dir die Cartoons **Was bisher passiert ist** in Einheit A und B noch mal an. Schreib die Geschichte der Band im Perfekt. Benutze die Stichworte.

Beispiel   Laura und David Miller <u>ziehen</u> nach Mainz.
   Laura und David sind nach Mainz gezogen.

1   Letztes Jahr: Heinz <u>macht</u> eine Geburtstagsparty. David und Laura <u>treffen</u> die Band.

2   Vor zwei Monaten: Matthias und David <u>schreiben</u> ein Lied für Berlin.

3   Vor vier Wochen: Die Band <u>macht</u> den ersten Platz.

4   Letztes Wochenende: Die Band <u>fährt</u> nach Berlin.

13 Lied: Was hast du gemacht?

Singt dieses Lied in zwei Gruppen. Eine Gruppe fragt und die andere Gruppe antwortet.

A Was hast du am Montag, am Montag gemacht?
B Am Montag hab ich geschlafen, geschlafen bis um acht!
A Hast du nur geschlafen, geschlafen bis um acht?
B Ja, ich hab nur geschlafen, geschlafen bis um acht!

A Was hast du am Dienstag, am Dienstag gemacht?
B Am Dienstag bin ich geschwommen, geschwommen bis um acht!
A Bist du nur geschwommen, geschwommen bis um acht?
B Nein, ich hab geschlafen und ich bin geschwommen bis um acht!

A Was hast du am Mittwoch, am Mittwoch gemacht?
B Am Mittwoch hab ich gegessen, gegessen bis um acht!
A Hast du nur gegessen, gegessen bis um acht?
B Nein, ich hab geschlafen und ich bin geschwommen, und ich hab gegessen bis um acht!

A Was hast du am Donnerstag, am Donnerstag gemacht?
B Am Donnerstag bin ich gelaufen, gelaufen bis um acht!
A Bist du nur gelaufen, gelaufen bis um acht?
B Nein, ich hab geschlafen und ich bin geschwommen,
   und ich hab gegessen, und ich bin gelaufen bis um acht!

A Was hast du am Freitag, am Freitag gemacht?
B Am Freitag hab ich gearbeitet, gearbeitet bis um acht!
A Hast du nur gearbeitet, gearbeitet bis um acht?
B Nein, ich hab geschlafen und ich bin geschwommen,
   und ich hab gegessen, und ich bin gelaufen,
   und ich hab gearbeitet bis um acht!

A Was hast du am Samstag, am Samstag gemacht?
B Am Samstag hab ich Musik gehört, Musik gehört bis um acht!
A Hast du nur Musik gehört, Musik gehört bis um acht?
B Nein, ich hab geschlafen und ich bin geschwommen,
   und ich hab gegessen, und ich bin gelaufen,
   und ich hab gearbeitet, und ich hab Musik gehört bis um acht!

A Was hast du am Sonntag, am Sonntag gemacht?
B Am Sonntag hab ich getanzt, getanzt bis um acht!
A Hast du nur getanzt, getanzt bis um acht?
B Nein, ich hab geschlafen und ich bin geschwommen,
   und ich hab gegessen, und ich bin gelaufen,
   und ich hab gearbeitet, und ich hab Musik gehört,
   und ich hab getanzt bis um acht – bis um acht!!!

14 **Lies was! Eine E-Mail**

Beantworte die Fragen auf Deutsch.

1 Wie ist die Woche gewesen?
2 Was hat Sabine in der Schule gemacht?
3 Warum ist Sabine nicht Auto gefahren?
4 Wie ist sie zur Schule gekommen?
5 Was hat sie mit Robbie gemacht?

E–Mail

Hallo!
Endlich Wochenende!!! Diese Woche ist schrecklich gewesen!
Wir haben drei Klassenarbeiten geschrieben, in Math Englisch und Deutsch!
Und unser Auto ist kaputt gegangen. Ich bin jeden Ta mit dem Fahrrad zur Schule gefahren! Uff!
Aber gestern habe ich Robbie getroffen. Wir sind ins Café gegangen!
Wie ist deine Woche gewesen?
Deine Sabine

15 **Schreib was! Meine Woche**

Beantworte Sabines E-Mail. Beschreibe deine Woche. Du musst folgende Informationen auf Deutsch geben:

● was du gemachst hat.
● wie du zur Schule gekommen bist.
● wen du getroffen hast.
● wohin du gegangen bist.

Aussagesätze

Wie heißt das auf Deutsch?

Welcome!
Come in! (in **du**, **ihr** *and* **Sie** *forms)*
Come along! (in **du**, **ihr** *and* **Sie** *forms)*
Take a seat! (in **du**, **ihr** *and* **Sie** *forms)*
Nice to meet you! (in **du**, **ihr** *and* **Sie** *forms)*
Would you like a drink? (in **du**, **ihr** *and* **Sie** *forms)*
Yes, please! / No, thank you!

Thank you for your letter / hospitality.
Thank you for the invitation / present / flowers.
I was really happy to receive your nice invitation.

I'm having a party tomorrow.
I'm having a birthday party on Saturday.
On 26th February I'm having a fancy-dress party.
Are you coming? / Can you come?
It will be great to see you again.

I am sorry but I cannot come.
I must turn down your invitation.
Unfortunately I cannot come.

Wie heißt das auf Englisch?

Als Erstes … / Dann … / Danach … / Später …
Zum Schluss … / Am Ende …
heute Morgen / gestern / vorgestern
vor fünf Minuten / zwei Stunden / drei Tagen
letzte Woche/ vorletzte Woche
letzten Monat / vor drei Monaten
letztes Jahr / vor zehn Jahren
am Montag / am dreizehnten August
im Juli / im vierzehnten Jahrhundert

Einheit A	Krankheit

 **Lernziele**

In Unit 2A you will learn how to
- *say someone is ill*
- *describe symptoms*
- *describe an accident*
- *ask for an appointment*

1 Lies den Cartoon und hör zu ! David ist krank (1)

Es ist schon 8 Uhr!

David kommt zu spät.

David ist im Krankenhaus! Er ist sehr krank!!!

Setz dich, Laura. Was ist passiert?

Heute Morgen hat David sein Frühstück nicht gegessen....

Hast du keinen Hunger?

Nein, mir ist schlecht... Ich glaube, ich habe eine Erkältung.

David ist in die Schule gegangen...

Au! Die Lampe ist zu hell! Ich habe Kopfschmerzen und mir ist heiß. Mein Hals tut auch weh. Ich glaube, ich bin krank ...

Mir ist so schwindelig!

Du hast ja Fieber! Ich rufe einen Krankenwagen.

Jetzt ist David im Krankenhaus. Er hat Meningitis!!!

2 Schreib was! Fragen zum Text

A Finde im Cartoon:
1 He is very ill.
2 I feel ill.
3 I have a cold.
4 I have a headache.
5 I have a sore throat.
6 You have a temperature.
7 He's got meningitis.

B Beantworte die Fragen auf Deutsch.
1 Wo ist David?
2 Was tut David weh?
3 Was macht die Lehrerin?

Erste Hilfe

im Krankenhaus	in hospital
krank	ill / sick
Was ist passiert?	What's happened?
eine Erkältung	a cold
Kopfschmerzen	a headache
Mein Hals tut weh.	I've got a sore throat.
Mir ist schwindelig.	I feel dizzy.
Fieber	a temperature / a fev
ein Krankenwagen	an ambulance

Vokabeltipp Der Körper

der Arm (-e)	arm	der Kopf (Köpfe)	head
das Auge (-n)	eye	der Magen (Mägen)	stomach
der Bauch (Bäuche)	stomach	der Mund (Münder)	mouth
das Bein (-e)	leg	die Nase (-n)	nose
die Brust (Brüste)	chest	das Ohr (-en)	ear
der Finger (-)	finger	der Po (-s)	bottom
der Fuß (Füße)	foot	der Rücken (-)	back
das Gesicht (-er)	face	die Schulter (-)	shoulder
der Hals (Hälse)	neck	der Zahn (Zähne)	tooth
die Hand (Hände)	hand	der Zeh (-en)	toe
das Knie (-)	knee		

3 Schreib was! Herr Kartoffelkopf

Wie viele hat Herr Kartoffelkopf?

Augen   _____

Nasen   _____

Ohren   _____

Arme   _____

Beine   _____

Münder   _____

Hände   _____

4 **Hör zu! Entspannungsübung**

Dies ist eine Entspannungskassette. Was sollst du zuerst entspannen? Bringe die Körperteile in die richtige Reihenfolge.

A
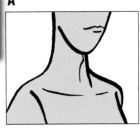

B
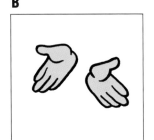

C

D
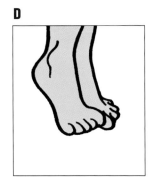

Erste Hilfe

sich entspannen	to relax
die Körperteile	parts of the body
fühlen	to feel
schwer	heavy
locker	relaxed

E

F

G

1 [D] 2 [ ] 3 [ ] 4 [ ] 5 [ ] 6 [ ] 7 [ ]

Ich kann das!

Vokabeltipp **Ein Termin**

die Praxis	the surgery
die Sprechstunde	the surgery hour
der Termin	the appointment
der Arzt / die Ärztin	the doctor
der Zahnarzt / Zahnärztin	the dentist
der Notfall	the emergency

Ich möchte bitte einen Termin.	I would like an appointment, please.
Wann ist am Montag Sprechstunde?	When are the surgery hours on Monday?
Die Praxis ist am Mittwoch geschlossen.	The surgery is closed on Wednesday.
Die Praxis ist am Montag von 8 bis 13 Uhr geöffnet.	The surgery is open from 8 am till 1 pm on Monday.

5 **Hör zu! Ein Termin beim Zahnarzt**

Bringe die Sätze in die richtige Reihenfolge. Die Zahnarzthelferin spricht zuerst.

Beispiel   Zahnarzthelferin: Guten Morgen. Zahnarztpraxis Dr. Bohr. *d*
Martin: …

a   Ich heiße Martin Weber.

b   Ist es ein Notfall?

c   Ja, das geht. Vielen Dank.

d   Guten Morgen. Zahnarztpraxis Dr. Bohr.

e   Wie ist Ihr Name?

f   Nein, es ist kein Notfall.

g   Auf Wiederhören.

h   Herr Weber, geht es am Donnerstag um 4 Uhr?

i   Martin Weber. Guten Morgen. Ich möchte bitte einen Termin.

6 **Lies was! Sprechstunde!**

Beantworte die Fragen auf Deutsch

Praxis Dr. med. Müller und Dr. med. Stein
Hals-Nasen-Ohren-Ärzte

Sprechstunden:
Mo. – Di. 08.00 Uhr – 13.00 Uhr und 14.00 Uhr – 17.00 Uhr
Mittwochs geschlossen.
Do. – Fr. 08.00 Uhr – 13.00 Uhr und 14.00 Uhr – 19.00 Uhr

1   Du hast Ohrenschmerzen. Ist das die richtige Praxis für dich?

2   Es ist Mittwoch. Kannst du einen Termin bekommen?

3   Am Dienstag ist um zwei Uhr die Schule aus. Kannst du danach zu Dr. Stein gehen?

4   Hat die Praxis am Wochenende auf?

5   Wann hat die Praxis Mittagspause?

6   Dein Vater will nach der Arbeit zum Arzt. Welche Tage sind gut für ihn?

7 **Rollenspiel: Ein Termin bei Dr. Stein**

Partner A

Du bist der Rezeptionist / die Rezeptionistin.

1   Answer the phone. Ask for the patient's name.

3   Say that the surgery is closed on Wednesday.

5   Give the surgery hours for Thursday mornings.

Partner B

Du möchtest einen Termin bei Dr. Stein.

2   Give your name. Ask for an appointment on Wednesday.

4   Ask for the surgery hours on Thursday morning.

6   Agree to the appointment time given.

8 **Lies was!**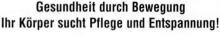

Gesundheit durch Bewegung
Ihr Körper sucht Pflege und Entspannung!

Am Tag:
• 1 Massage.
• 1 x Wassergymnastik.
• Wanderung durch die Natur.

Am Abend:
• Filmabend.
• Tanzen.

nur 64,56 Euro
Seniorenrabatte: 5% Rabatt für Senioren ab 60 Jahren.

9 **Schreib was! Gesundheit!**

Beantworte die Fragen auf Deutsch.

1   Was braucht Ihr Körper?

2   Was kann man am Tag machen? (zwei Details)

3   Was kann man am Abend machen? (ein Detail)

4   Wie viel kostet das Angebot?

5   Was für einen Rabatt bekommt eine 61-jährige Frau?

10 Hör zu! Wo tut es weh?

Wo haben die Patienten Schmerzen? Schreib den Buchstaben und mache Sätze.

1 Herr Ergül hat Kopfschmerzen. (D)
2 Sophia hat _____
3 Paul _____
4 Herr Keller _____

A

B

C

D

E

F

G

Kulturtipp Ha-tschi!

Wenn jemand niest, sagst du **Gesundheit!** oder **Zum Wohlsein!**
Wenn jemand krank ist, sagst du **Gute Besserung!**

Vokabeltipp Beim Arzt

Was ist los?		What's the matter?
Wo tut es weh?		Where does it hurt?
Mir tut der Kopf weh.		My head hurts.
Ich habe	*Zahnschmerzen*	a toothache
I have	*Fieber*	a temperature
	Schnupfen	a head cold
	eine Erkältung	a cold
	Husten	a cough
	die Grippe	the flu
	einen Sonnenbrand	sunburn
	Durchfall.	diarrhoea.
Ich bin	*krank / gesund / müde / verletzt / seekrank / allergisch gegen ...*	
I am	ill / well / tired / injured / sea sick / allergic to ...	
Mir ist	*kalt / heiß / warm / schwindelig / schlecht, übel*	
I'm feeling	cold / hot / warm / dizzy / sick	
Ich verschreibe Ihnen ...		I'm going to prescribe you ...
Ich schreibe ein Rezept.		I'm writing a prescription.

11   Lies was! Wie ist die Diagnose, Herr Doktor?

Was sagt der Doktor?

Frau: Ich bin auf einem Boot gewesen. Jetzt ist mir
          schlecht und schwindelig!
Doktor: Ach so! Sie sind ____! Ich verschreibe Ihnen ____.

Junge: Ich war in der Sonne. Mein Rücken ist ganz rot und
          tut weh. Ich habe auch Fieber.
Doktor: Aha! Du hast ____. Du brauchst ____.

Mutter: Meine Tochter hat Fieber und Husten und
          Schnupfen. Sie hat auch Halsschmerzen.
Doktor: Ihre Tochter hat ____. Ich verschreibe ihr ____.

Radfahrer: Ich habe einen Unfall gehabt.
Doktor: Sie sind ____. Sie brauchen einen ____ und ein
            paar ____!

Krankheiten:

eine Erkältung   verletzt

seekrank   einen Sonnenbrand

Medikamente:

Vokabeltipp   Medikamente

Ich verschreibe Ihnen	*Tabletten (fem. pl.) / Hustensaft (m.) / eine Salbe (fem.)*
I'll prescribe you	pills / cough syrup / cream
Sie brauchen	*ein Pflaster (n) / einen Verband (m) / ein Thermometer (n) / eine Spritze (f)*
You need	a plaster, elastoplast / a bandage / a thermometer / an injection
Gehen Sie in	*die Apotheke / die Drogerie*
Go to	the chemist / the health food shop

12   Hör zu! Anruf beim Notarzt

Ein Vater ruft beim Notarzt an. Richtig, falsch oder nicht im Text? Korrigiere die falschen Sätze.

1   Die Tochter ist krank.
2   Das Kind ist sieben Jahre alt.
3   Das Kind hat Fieber.
4   Der Bauch tut weh.
5   Dem Kind ist schlecht.
6   Das Kind hat Durchfall.

13   Rollenspiel: Beim Arzt

Arbeite mit einem Partner.

Rolle A
Du bist der Patient. Du fängst an.
1   Greet the doctor.
3   Say you have a cough.

5   Say your chest hurts.
7   Say you don't have a temperature.
9   Thank the doctor.

Rolle B
Du bist der Arzt.
2   Reply to the greeting. Ask the patient how (s)he is feeling.
4   Ask where it hurts.
6   Ask if (s)he has got a temperature.
8   Say you will prescribe a cough syrup.

14   Hör zu! In der Apotheke

1   Was für eine Krankheit hat die Frau? Beantworte die Frage auf Deutsch.
2   Was braucht die Frau? Schreib den richtigen Buchstaben.

A

B

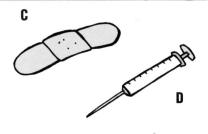

C

D

15   Lies was! Eine E-Mail

Betreff: Joggen und Rückenschmerzen

Vielleicht kann mir jemand helfen. Wenn ich joggen gehe, bekomme ich immer Rückenschmerzen. Ein Arzt sagt nur, ich soll lieber schwimmen gehen und Bauchmuskeltraining machen. Ich möchte aber abnehmen und Kondition bekommen, und dieses zusammen wenn möglich. Was kann ich tun?

Sonia Zablowsky

A   Finde im Text:
1   when I go jogging
2   backache
3   to lose weight
4   What can I do?

B   Beantworte die Fragen auf Englisch.
1   What happens when Sonja goes jogging?
2   What does the doctor say she should do?
3   What would Sonja prefer to do?

16 **Lies den Cartoon und hör zu! David ist krank (2)**

Pommes:	Hoffentlich ist David bald wieder gesund. Wir wollen doch zum Musik-Workshop fahren!
Yasemin:	Ist Meningitis nicht ansteckend?
Laura:	Ja, aber ich habe eine Spritze bekommen. Das braucht ihr auch.
Pia:	Oh, nein!
Yasemin:	Meningitis ist gefährlich, oder?
Laura:	Ja, sehr gefährlich. Das hat der Arzt gesagt.
Matthias:	Oh, je!
Pia:	Wie lange muss David im Krankenhaus bleiben? Wann ist er wieder gesund?
Laura:	Das ist ja das Schlimme! Man kann von Meningitis sterben!!!
Yasemin:	Was können wir nur machen?
Pommes:	Mein Gott!
Pia:	Laura! Oh, nein!
Matthias:	Wein' doch nicht. Dein Bruder ist bestimmt bald wieder gesund!

Erste Hilfe

eine Spritze	syringe / injection
gefährlich	dangerous
das Schlimme	the terrible thing
sterben	to die

17 **Fragen zum Cartoon**

Beantworte die Fragen auf Englisch.

1   Meningitis is infectious. What has Laura received at the hospital?
2   What other information does Laura give the band about meningitis?
3   How does Matthias try to comfort Laura?

18   Lies was! Meningitis

Erste Hilfe

Warnsymptome	warning signs
Nacken	neck
Schwindeligkeit	dizziness
Übelkeit	nausea
Erbrechen	vomiting
Lichtempfindlichkeit	light sensitivity
lichtempfindlich	light sensitive

Bei folgenden **Warnsymptomen** gehen Sie sofort zu einem Arzt oder in eine Klinik:

- schlimme Kopfschmerzen (oft im Nacken)
- Fieber mit Schwindeligkeit
- Fieber mit Übelkeit, Erbrechen und Lichtempfindlichkeit

Richtig oder falsch? Korrigiere die falschen Sätze:

1 Wenn man die Warnsymptome von Meningitis hat, soll man zu einem Zahnarzt gehen.

2 Wenn man schlimme Kopfschmerzen hat, sollte man in eine Klinik oder zu einem Arzt gehen.

3 Wenn man Fieber hat, ist man sehr heiß.

4 Wenn man lichtempfindlich ist, mag man keine Dunkelheit.

www. **Meningitis**
Willst du mehr über Meningitis wissen?
Auf Deutsch:
- http://home.wtal.de/g-presentation/ Meningitis/index.htm
Auf Englisch:
- www.meningitis.org.uk/
- www.meningitis-trust.org.uk

 Vokabeltipp   Unfälle

die Polizistin	the policewoman
der Polizist	the policeman
die Polizei	the police
der Krankenwagen	the ambulance
der Notarzt	the emergency doctor
Was ist passiert?	What's happened?
Ich habe einen Unfall gehabt.	I have had an accident.
Es gibt einen Verletzten / zwei Verletzte.	There is an injured person / are injured people.
Mein Auto ist kaputt.	My car is damaged.

19   **Lies was! Ein Unfall**

Unfallbericht

Zu schnell gefahren – zwei Verletzte

Zwei Autos haben heute einen Unfall gehabt. Ein Mann ist schwer verletzt. Ein Notarzt hilft dem Verletzten. Ein anderer Mann hat den Kopf und den Arm verletzt.

Sieh das Bild an und lies den Text. Welche Sätze sind richtig? Korrigiere die falschen Sätze!

> **Beispiel**   Drei Autos haben einen Unfall gehabt.   **F**
> *Zwei Autos haben einen Unfall gehabt.*

1   Die Autos sind kaputt.

2   Es gibt einen Krankenwagen und ein Polizeiauto.

3   Es gibt keine Verletzten.

4   Ein Mann hat den Kopf und das Bein verletzt.

5   Der Polizist redet mit einem Verletzten.

6   Ein Verletzter muss ins Krankenhaus.

7   Ein Zahnarzt hilft einem Verletzten.

20   **Lies und schreib was! Überschriften in der Zeitung (1)**

Wer schreibt das?

Schreibe ST (Schwelmer Tageszeitung), KK (Kramsacher Kurier), PP (Potsdamer Post) oder LB (Linzer Blatt)?

1   Das Auto ist kaputt gegangen.

2   Eine Frau auf einem Fahrrad hat einen Unfall gehabt.

3   Ein Schüler hat einen Unfall gehabt.

4   In einem Auto sind fünf Personen gewesen.

5   Es hat keine Verletzten gegeben.

6   Ein VW ist zu schnell gefahren.

Autobahn:

Zu schnell gefahren – fünf Verletzte in VW
(Kramsacher Kurier)

Glück im Unglück

Unfall bei 130 km/h und nur das Auto kaputt
(Potsdamer Post)

Schwerer Unfall – Fahrradfahrerin im Krankenhaus!
(Schwelmer Tageszeitung)

Schüler hinter Bus gelaufen – Kopfverletzung
(Linzer Blatt)

21 | **Schreib was! Überschriften in der Zeitung (2)**

Mache Sätze im Perfekt.

Beispiel   Eine Fahrradfahrerin – einen schweren Unfall – haben.
*Eine Fahrradfahrerin **hat** einen schweren Unfall **gehabt**.*

1   Schwerer Unfall – Fahrradfahrerin im Krankenhaus!
Eine Fahrradfahrerin – einen schweren Unfall – haben.
Ein Krankenwagen – die Frau ins Krankenhaus – bringen.

2   Autobahn: Zu schnell gefahren – fünf Verletzte in VW
Auf der Autobahn – ein Unfall – passieren.
Ein VW – zu schnell – fahren.
Fünf Personen – in dem VW – sein.

3   Glück im Unglück. Unfall bei 130 km/h und nur das Auto kaputt
Jemand – Glück im Unglück – haben.
Der Fahrer – 130 km/h schnell – fahren.
Er – einen Unfall – haben.
Er – nicht verletzt – sein.
Nur das Auto – kaputt – sein.

4   Schüler hinter Bus gelaufen – Kopfverletzung
Schüler – hinter einen Bus – laufen.
Er – eine Kopfverletzung – bekommen.

Grammatik

Präsens oder Perfekt?

Remember in the present tense you only have to use <u>one</u> verb and in the perfect you use <u>two</u>:

eg. Ein Krankenwagen **bringt** die Frau ins Krankenhaus. (present)
Ein Krankenwagen **hat** die Frau ins Krankenhaus **gebracht**. (perfect)
Ich **fahre** schnell. (present)
Ich **bin** schnell **gefahren**. (perfect)

Übung: Präsens oder Perfekt?

Underline the verbs and decide whether they are in the present or the perfect tense:

1   Der Krankenwagen ist kaputt.
2   Ein Mann hat einen Unfall gehabt.
3   Ein Schüler ist sehr krank.
4   Wir sind nach Hause gegangen.
5   Es gibt keine Verletzten.
6   David ist gestern mit dem Krankenwagen ins Krankenhaus gefahren.
7   Meningitis ist ansteckend.
8   Laura hat heute im Krankenhaus eine Spritze bekommen.

Einheit B   Gesundheit!

Lernziele

In Unit 2B you will learn how to
- *say how you feel*
- *ask how others feel*
- *say what you do to keep fit*

---

1 **Lies den Cartoon und hör zu! David ist krank (3)**

Mann! Du bist eine Woche auf der Intensivstation gewesen!

Gute Besserung! Wir haben ein Lied für dich geschrieben.

Eine Kassette? Danke!

Wie geht es dir jetzt?

Ich bekomme Spritzen und Tabletten, weil ich Kopfschmerzen habe. Und ich bin müde. Aber das Schlimmste ist ...

... ich kann meinen rechten Arm nicht bewegen, weil er gelähmt ist.

Für immer???!

Vielleicht wird das wieder besser. Im Moment kann ich nicht Klavier spielen. Ihr braucht einen neuen Keyboarder für Bozen.

Du SPINNST wohl!!!! Wir warten, bis du wieder gesund bist!

Das kann aber lange dauern ...

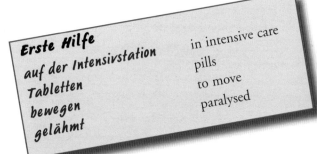

Erste Hilfe

auf der Intensivstation	in intensive care
Tabletten	pills
bewegen	to move
gelähmt	paralysed

2 Fragen zum Cartoon

A Finde im Text:
1 I'm tired.
2 But the worst thing is …
3 I cannot move my right arm.

B Beantworte die Fragen auf Deutsch.
1 Wie lange ist David auf der Intensivstation gewesen?
2 Was schenkt Pia David?
3 Was hat die Band für David gemacht?
4 Wie geht es David jetzt?
5 Was kann David jetzt nicht machen? Warum?

Vokabeltipp — Wie fühlst du dich?

Ich fühle mich	fit / unfit.	I feel	fit / unfit.
	gut / schlecht.		well / unwell.
	wohl / unwohl.		well / unwell.
	entspannt / gestresst.		relaxed / stressed.
Ich habe	Selbstvertrauen.		I feel confident.
	Angst.		I'm afraid / anxious.
	gute / schlechte Laune.		I'm in a good / bad mood.

3 Schreib was! Wie fühlen sie sich? Was sagen sie?

1 Ich fühle mich entspannt.
2 Ich habe Angst.
3 Ich fühle mich unfit.
4 Ich fühle mich gestresst.

a  b  c  d

4 Hör zu! Gute Laune – schlechte Laune

Was passt zusammen?
1 Jan hat immer schlechte Laune, wenn
2 Steffi hat immer schlechte Laune, wenn
3 Jan hat immer gute Laune, wenn
4 Steffi hat immer gute Laune, wenn

a sie viele Hausaufgaben hat.
b er Sport treibt.
c er früh aufstehen muss.
d die Schule aus ist.

Wann hast du gute Laune? Wann hast du schlechte Laune? Frage auch deine Freunde.

Grammatik

Konjunktionen

Conjunctions are joining **words**. They enable us to make our German sentences longer and therefore more interesting! Conjunctions don't normally affect word order in English. Some German conjunctions do not change the normal word order either – they leave the verb as the second 'idea' in the sentence:

und	and
sondern	but*
oder	or
denn	for, as (meaning because)
aber	but*

*Both **sondern** and **aber** mean "but" – but in different ways:

Sondern means "but" (to the contrary)

Aber means "but" (on the other hand)

Here are some examples:

1	2		1	2	
Ich	habe	Kopfschmerzen **und**	mir	ist	heiß.
Er	kann	nicht kommen, **denn**	er	ist	krank.
Ich	heiße	nicht Klaus, **sondern**	Peter!		
Ich	möchte	eine neue Hose, **aber**	ich	habe	kein Geld.

Most conjunctions do affect the word **order** – they send the verb to the end of the sentence or clause:

1	2		1	end	
Ich	habe gute Laune, **wenn**		ich Sport	treibe.	
Ich	habe wenig Zeit, **weil**		ich viel	arbeite.	

The conjunctions **weil** and **wenn** are very common. You can see that they have sent the two verbs **treibe** and **arbeite** to the end of the sentence.

If you look at the examples, you will see that there is always a **comma** before **sondern**, **oder**, **denn** and **aber**, which is used to separate the clauses. The comma before **und** is optional.

I Übung

Now see if you can join the pairs of sentences together, using the suggested conjunction. Think about where the verb should be! Don't forget the comma!

1 Ich bin nicht so fit. Ich treibe wenig Sport. (weil)
2 Jan hat immer gute Laune. Die Schule ist aus. (wenn)
3 Ich will einen Hamburger essen. Ich habe kein Geld. (aber)
4 Pia geht in die Stadt. Sie kauft Kleidung. (und)
5 David bleibt eine Woche im Krankenhaus. Er ist sehr krank. (weil)

We can also <u>begin</u> a sentence with a conjunction. This has a different effect on the word order. Look at the examples:

	1	verb	verb
Wenn	ich Sport	treibe,	habe ich gute Laune.
Weil	ich gesund	essen will,	kaufe ich kein Fleisch.

You can see that when we begin a sentence with a conjunction, the verb is sent to the end of the clause and is followed by a comma. The verb in the next clause then comes to the beginning to meet it and we have the VERB, VERB pattern in the middle of the sentence. This is very common in German.

II Übung

Now see if you can join the following pairs of sentences by starting with the given conjunction. Remember: VERB, VERB!

1 (Weil) Ich habe viel Stress. Ich bin nicht fit.
2 (Wenn) Sie muss früh aufstehen. Sie hat schlechte Laune.
3 (Wenn) Er hat genug Geld. Er kauft Kleider.
4 (Weil) Sie sind jung. Sie haben viel Energie.
5 (Weil) Mein Vater ist krank. Er bleibt zu Hause.

 **Fitness**

Ich treibe Sport.	I take exercise / I play sport.
Ich bin mit meinem Körper / Leben zufrieden.	I am happy with my body / life.
Ich bewege mich viel.	I exercise a lot.
Ich esse gesund.	I eat healthily.
Ich rauche nicht.	I don't smoke.
Ich esse viel / wenig / kein ...	I eat a lot of / very little / no ...
Ich möchte abnehmen / zunehmen.	I'd like to lose / put on weight.

Pass auf!

mit + Dativ

Grammatik

Reflexive Verbs

We saw in **Anstoß 1** that with reflexive verbs the action of the verb is being done to ourselves:

Ich wasche **mich**.   *I get washed (I wash **myself**).*

In this chapter we have met two other reflexive verbs:

| **sich fühlen** | Ich fühle **mich** fit. | *I feel fit.* |
| **sich bewegen** | Ich bewege **mich** viel. | *I exercise a lot.* |

In the examples **mich** is the **reflexive pronoun**. Each part of the verb has its own reflexive pronoun:

ich	**mich**	wir	**uns**
du	**dich**	ihr	**euch**
er / sie / es	**sich**	Sie / sie	**sich**

Übung   Fülle die Lücken aus!

1   Ich fühle _____ unfit.
2   Er wäscht _____ am Morgen.
3   Sie ziehen _____ an.
4   Wir bewegen _____ nicht sehr viel.
5   David fühlt _____ unwohl.
6   Bewegt ihr _____ nicht in der Schule?

---

5   **Hör zu! Nicht fit! Was passt zusammen?**

1   Ich bin nicht fit, weil
2   Ich treibe wenig Sport, weil
3   Ich habe wenig Zeit, weil

a   ich gesund esse.
b   ich viel arbeite.
c   ich wenig Sport treibe.
d   ich wenig Zeit habe.
e   ich mich viel bewege.
f   ich viel Stress habe.

6 **Lies was! Mein Körper und ich**

Welches Bild passt?

1

> **E-Mail**
>
> Ich bin mit meinem Körper voll zufrieden.
> Ich tu was für mich und das sieht man
> auch. Ich treibe zum Beispiel jeden
> Tag Sport.
> Tino

2

> **E-Mail**
>
> Ich brauche nicht so dünn wie ein
> Fotomodell zu sein. Ich bin mit meiner
> Figur zufrieden. Ich bin zwar nicht so
> sportlich, aber ich habe viele Freunde
> und Spaß am Leben. Das ist mir
> wichtiger.
> Sabine

3

> **E-Mail**
>
> Gesund leben ist für mich sehr
> wichtig. Dazu gehört gesund
> essen und nicht rauchen. Ich esse
> kein Fleisch, aber viel organisches
> Gemüse und Obst.
> Sissi

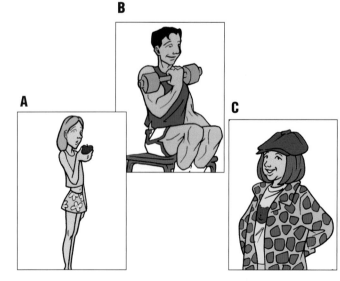

B

A

C

Sprachtipp

Negativ

Nicht means "not" and is one way of making a
German sentence **negative**:

Wein doch **nicht**! *Don't cry!*
Geht es dir **nicht** gut? *Aren't you well?*
Ich darf **nicht** zur Schule. *I'm not allowed to go to school.*

Here are some examples of **nicht** being used with the
perfect tense:

- David hat sein Frühstück **nicht** gegessen!
- Das Auto ist **nicht** kaputt gegangen.
- Du bist **nicht** schnell gefahren.

Kein is the word we use instead of **nicht ein**, and
means "not a" or "no":

Hast du **keinen** Hunger? *Aren't you hungry?*
Es ist **kein** Notfall. *It's not an emergency.*

You can see that **kein** sometimes needs to have an
ending. This ending depends upon the gender of the
noun following it and the case it is in. Generally,
kein copies the endings that we would have put on
ein in the same situation.

Wenig means "little" or "not much":

Ich treibe **wenig** Sport. *I don't do much Sport.*
Ich habe **wenig** Zeit. *I don't have much time.*

You would expect **wenig** to have an adjective ending
in both of the examples above, but in fact it is invariable in the singular. However, when we use **wenig** in
front of a plural word, it has to have an ending:

Sie hat **wenige** Freundinnen. *She has few female friends.*

Lerntipp — Nomen, Verb, Adjektiv oder Adverb?

Sometimes the same word can be used as a noun and a verb or adjective, like in English:

the drink (n.) – *to drink* (vb.)   *the fold* (n.) – *to fold* (vb.)   *an orange* (n.) – *orange* (adj.)

Sometimes words look alike but have a completely different meaning!

Look up the following words in a dictionary and note down what they mean:

der Arm (n.) – **arm** (adj.)   **der Husten** (n.) – **husten** (v.)   **die Schmerzen** (n.) – **schmerzen** (v.)

---

7   **Lies was! Was ist eigentlich Gesundheit? (1)**

¼ der Schüler haben eine sehr einfache Idee von Gesundheit: „Körperliche Fitness." Schüler, 8. Klasse	Die meisten Schüler nennen verschiedene Gesundheitsaspekte: „Nicht rauchen oder trinken, viel Sport, gesundes Essen wie Obst, Gemüse, viel Vitamine, kaum Süßigkeiten." Schüler, 7. Klasse	¼ nennen auch psychische und soziale Gesundheitsfaktoren: „Ich glaube, man ist gesund, wenn man mit sich und seinem Körper zufrieden ist und sich wohl fühlt." Schülerin, 10. Klasse

---

8   **Was ist eigentlich Gesundheit? (2)**

Beantworte die Fragen auf Deutsch:

1. Was für eine Vorstellung von Gesundheit hat ein Viertel der Schüler der 8. Klasse?
2. Was wollen die Schüler der 7. Klasse nicht machen?
3. Wer glaubt, dass man gesund ist, wenn man mit seinem Körper zufrieden ist?

9   **Kennst du diese Verben?**

Verb	ich ...	man ...
rauchen		
	trinke	
		isst
	glaube	
sein		
	fühle mich wohl	

---

10   **Schreib was! Mache Sätze!**

Make up sentences using these words:

essen	sein	sich wohl fühlen
Obst	gesund	Vitamine
Sport	Gemüse	fit

11 **Meinungsumfrage: Gesundheit**

Beantworte die Fragen auf dem Fragebogen. Frage dann deine Freunde.

1 Wie wichtig ist Gesundheit für dich?

2 Wie fit bist du?

3 Was tust du für deine Gesundheit?

4 Was ist schlecht für deine Gesundheit?

5 Was willst du besser machen?

w w w .

Fitness

Tests, Info und Quiz:
● **w w w . r i c h t i g f i t . d e**

Wann ist Saison für welches Obst und Gemüse?
● **w w w . v i t a l s t o f f e . d e**

12 **Sag was! Mädchen: weniger Selbstvertrauen oder kritischer als Jungen?**

Sind Mädchen kritischer als Jungen? Haben Mädchen mehr Selbstvertrauen als Jungen? Deutsche Schüler haben Mädchen und Jungen diese Fragen gestellt.

Mädchen		Jungen
15,3 %	„Ich bin sehr gesund."	34,7 %
46,7 %	„Ich bin oft reizbar und habe schlechte Laune."	32,7 %
18,0 %	„Ich bin zufrieden mit meinem Körper."	48,0 %
17,0 %	„Ich sehe gut aus."	32,0 %
16,0 %	„Ich fühle mich selten bzw. nie hilflos."	35,0 %
43,0 %	„Ich fühle mich nie einsam."	74,0 %
19,0 %	„Ich habe immer Selbstvertrauen."	46,0 %

Wer hat öfter „Ja" gesagt: M (Mädchen) oder J (Jungen?)

1 Ich bin sehr gesund.

2 Ich bin oft reizbar und habe schlechte Laune.

3 Ich bin zufrieden mit meinem Körper.

4 Ich sehe gut aus.

5 Ich fühle mich selten bzw. nie hilflos.

6 Ich fühle mich nie einsam.

7 Ich habe immer Selbstvertrauen.

Erste Hilfe

reizbar	quick-tempered
hilflos	helpless
einsam	lonely
das Selbstvertrauen	self-confidence

13 **Lied: Ein Lied für David**

David geht es heute schlecht.
David fühlt sich krank.
David tut der Kopf so weh.
Der Arzt kommt – Gott sei Dank!

Im Krankenwagen – Tatütata!
fährt David ins Krankenhaus.
Wir haben alle um ihn Angst.
Kommt er bald wieder raus?

David kriegt Spritzen und Tabletten.
Eine Woche lang ist er schon da.
Dann geht es ihm ein bisschen besser.
Wir besuchen David bald – hurra!

Refrain:
Gute Besserung! Werd bald wieder gesund!
Ohne David macht's keinen Spaß! Werd bald wieder gesund!

14 **Schreib was! Ein Lied für David**

A Welche Bilder passen zum Lied?

 **A**
 **B**
 **C**
 **D**

 **E**
 **F**
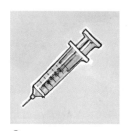 **G**
 **H**

Zum Lied passen:

B Beantworte die Fragen auf Deutsch.
1 Was tut David weh?
2 Wie kommt David ins Krankenhaus?
3 Wie fühlt sich die Band?
4 Was bekommt David im Krankenhaus?
5 Wie lange ist er schon im Krankenhaus?

Aussprache

st / sp

St- at the beginning of a word is pronounced 'sht' in German: **Stuhl**, **stehen**, **Stiefvater**.

-st- in the middle or at the end is pronounced the same as in English: **ist**, **Polizist**, **bist**.

Sp- at the beginning of a word is pronounced 'shp' in German: **Sprechstunde**, **spielen**, **Sport**.

-sp- in the middle or at the end is pronounced the same as in English: **Wespe** (wasp).

15   **Schreib was! Du fühlst dich nicht wohl!**

Heute bist du nicht in die Schule gegangen, weil du krank bist. Du liegst im Bett und schreibst einen Brief an deinen deutschen Freund. Schreib:

- ob dir kalt oder warm ist
- ob du Fieber hast
- ob du Schnupfen und Husten hast
- ob dir der Kopf weh tut
- was du dafür nimmst
- was du jetzt machst

Aussagesätze

Wie heißt das auf Deutsch?

When are the surgery hours on Monday?
I would like an appointment, please.

I've got a sore throat.
My head hurts.
I've got toothache.
I've got a temperature.
I've got a head cold / cold.
I've got a cough / the flu.
I've got sunburn / diarrhoea.
I am ill / well.
I am tired / injured.
I am allergic to milk.
I am seasick.
I feel cold /hot.
I feel sick / dizzy.
I feel fit / unfit.

I feel relaxed / stressed.
I feel confident.
I'm afraid.
I'm in a good / bad mood.

I am happy with my body / life.
I take a lot of exercise.
I eat healthily.
I don't smoke.
I eat a lot of / very little / no meat.
I'd like to lose / put on weight.

Wie heißt das auf Englisch?

Was ist passiert / los?
Wo tut es weh?
Die Praxis ist am Mittwoch geschlossen.
Die Praxis ist am Montag geöffnet.
Ich schreibe Ihnen ein Rezept.
Ich verschreibe Ihnen Tabletten.
Ich verschreibe Hustensaft.
Ich verschreibe eine Salbe.
Sie brauchen ein Pflaster / einen Verband.
Sie brauchen ein Thermometer.
Sie brauchen eine Spritze.
Gehen Sie in die Apotheke.

Kapitel 3 — Kaufen und schenken

Einheit A — Kleidung

Lernziele

In Unit 3A you will learn how to
- *describe clothes*
- *ask to try on clothes*
- *say whether something fits*

---

1   Lies den Cartoon und hör zu! Der neue Look (1)

Erste Hilfe

brauchen	need
gute Ideen	good ideas
zeichnen	to draw
Quatsch!	Rubbish!
Kleidung	clothes
jeder	everybody
etwas anderes	something else

> Oh je! Jeder mag etwas anderes. Das wird nicht einfach!

Yasemin: Wir brauchen einen neuen Look für die Band.

Pommes: Ja, ein Image! Hast du eine gute Idee, David …?

Yasemin: Hier! Du kannst am besten zeichnen.

David: Du kannst besser zeichnen. Ich bin immer noch nicht ganz fit …

Pommes: Ach Quatsch! Du kannst das!

David: Okay, was für Kleidung tragt ihr gern?

Pommes: Ich trage am liebsten eine Jeans und ein T-Shirt!

Yasemin: Ich trage lieber einen langen Rock oder ein Kleid.

David: Wie sollen die Sachen aussehen?

Pommes: Ich trage gern coole, sportliche Sachen.

Yasemin: Zu langweilig! Ich trage lieber modische Kleidung.

David: Hm … welche Farbe möchtet ihr denn?

Yasemin: Am liebsten Violett!

Pommes: Besser Rot!

einundvierzig **41**

2 Fragen zum Cartoon

Was tragen sie gern? Fülle die Tabelle aus.

> Rock   coole Sachen
> violett   Jeans
> sportliche Sachen
> Kleid   rot
> modische   Kleidung
> T-Shirt

Pommes	Yasemin
Jeans	

Vokabeltipp Kleidung

Was für Kleidung trägst du gerade?	What kind of clothes are you wearing now?
Was für Kleidung trägst du gern?	What kind of clothes do you like wearing?
Beschreibe die Kleidung von Gabi.	Describe Gabi's clothes.
Ich trage gern / nicht so gern ...	I like / don't like wearing ...
Sie trägt eine Hose.	She is wearing a pair of trousers.

Ich trage ...

Maskulin:	Feminin:	Neutrum:	Plural:
1 einen Mantel (a coat)	*5 eine Sonnenbrille* (sunglasses)	*10 ein T-Shirt* (a t-shirt)	*13 Socken (m)* (socks)
2 einen Pullover (a pullover)	*6 eine Hose* (trousers)	*11 ein Hemd* (a shirt)	*14 Schuhe (m)* (shoes)
3 einen Rock (a skirt)	*7 eine Jacke* (a jacket)	*12 ein Kleid* (a dress)	*15 Handschuhe (m)* (gloves)
4 Schmuck (jewellery)	*8 eine Jeans* (Jeans)		
	9 eine Bluse (a blouse)		

Pass auf!

1. Jeans und Hose sind singular!
eg. Ich trage eine Hose.

2. Ich trage + **Akkusativ**!
eg. Ich trage einen Pullover.

---

3 Schreib was! Familie Schmitt geht aus

Was tragen sie? Beschreibe die Kleidung von Familie Schmitt.

> **Beispiel** *Frau Schmitt **trägt ein Kleid**.*
> *Herr Schmitt trägt ...*

4 **Hör zu! Wo ist Paul?**

Du hörst die folgende Ansage im Zoo. Kannst du Paul finden?

5 **Lied: Mein Hut, der hat drei Ecken**

Mein Hut, der hat drei Ecken.
Drei Ecken hat mein Hut.
Und hat er nicht drei Ecken,
so ist er nicht mein Hut.

Erste Hilfe
der Hut — hat
die Ecke — corner

Grammatik

Welcher Kasus?

Nominativ, Akkusativ oder Dativ?

We have already met three of the four cases in German. They are the nominative, accusative and dative cases. If you remember, each one is used as a way of showing the role of a noun or pronoun in a German sentence.

The **nominative** is used for the **subject** of the verb – the **doer** of the verb.

The **accusative** is used for the **direct object** – the **sufferer** of the verb.

The **dative** is used for the **indirect object** – the thing or person **to whom** or **to which** something is being done, said, shown, given etc.

We have seen that the words we use for "the", "a" and "an" change according to which case they are in.

Adjectives

Adjectives are describing words. We know that if they come after the word they are describing, they do not need to add an ending, regardless of whether they are masculine, feminine, neuter or plural.

Der Rock ist **lang**.	(masculine)
Die Hose ist **kurz**.	(feminine)
Das Hemd ist **sportlich**.	(neuter)
Die Schuhe sind **schwarz**.	(plural)

When the adjective goes in front of the noun it's describing, it has to add the correct ending, depending upon whether it's masculine, feminine, neuter, plural, nominative, accusative or dative.

Here is a table which sums up all the endings:

Übung

Add the adjective ending, if needed.

1 Ich trage ein _____ Kleid. (modisch)

2 Hast du eine _____ Idee? (gut)

3 Er trägt _____ Sachen. (sportlich)

4 Das Kleid ist viel zu _____ (klein)

5 Mein Vater kauft eine _____ Hose. (groß)

6 Er hat ein _____ Hemd. (langweilig)

	Masculine	Feminine	Neuter	Plural
Nominative	der lang**e** Rock	die kurz**e** Hose	das sportlich**e** Hemd	die schwarz**en** Schuhe
(Subject)	ein lang**er** Rock	eine kurz**e** Hose	ein sportlich**es** Hemd	schwarz**e** Schuhe
Accusative	den lang**en** Rock	die kurz**e** Hose	das sportlich**e** Hemd	die schwarz**en** Schuhe
(Direct Object)	einen lang**en** Rock	eine kurz**e** Hose	ein sportlich**es** Hemd	schwarz**e** Schuhe
Dative	dem lang**en** Rock	der kurz**en** Hose	dem sportlich**en** Hemd	den schwarz**en** Schuhen*
(Indirect object)	einem lang**en** Rock	einer kurz**en** Hose	einem sportlich**en** Hemd	schwarz**en** Schuhen*

*In the dative plural, we add **–n** or **–en** to the end of the noun (unless it already ends in **–n**).

Vokabeltipp — Kleidung beschreiben

Sie trägt ein	*buntes*	colourful	**T-Shirt.**
	gestreiftes	striped	
	kariertes	check	
	modisches	trendy	
	sportliches	casual / sporty	
	langweiliges	boring	
	kurzes / langes	short / long	

 rot weiß beige
rosa gelb golden
lila / violett orange
schwarz grau
blau silbern
hellblau grün
türkis braun

---

6 Schreib was! Der neue Look – Davids Entwurf

Beschreibe den neuen Look:

Beispiel *Yasemin trägt ein langes, kariertes, grünes Kleid.*
● *Pia ...*
● *Pommes ...*

---

7 Hör zu! Partyklamotten

Bine geht auf eine Party. Sie beschreibt ihre Kleidung. a), b), c) oder d) – was ist richtig?

1 Bine will **a)** eine Hose **b)** einen Rock **c)** ein T-Shirt **d)** ein Kleid anziehen.
2 Bines grüne Hose ist **a)** zu modern **b)** zu sexy **c)** zu langweilig **d)** zu cool.
3 Bines Rock ist **a)** kurz und bunt **b)** grün und lang **c)** modern und gestreift **d)** cool und schwarz.
4 Bine trägt oben **a)** ein Hemd **b)** einen Pullover **c)** eine Bluse **d)** ein T-Shirt.

8 Sag was! Lieblingskleidung

Mache eine Liste mit Sachen.
Was trägst du
a) … im Urlaub? c) … zu Hause?
b) … in der Schule? d) … am liebsten?

9 Lies und schreib was! Der neue Boecker ist da!

Toll, dass es den neuen Boecker gibt. Das Modehaus für die ganze Familie mitten im Herzen von Essen: Das Boecker Classic-Haus bietet anspruchsvolle Mode für Damen und Herren in einem Haus. Das neue Studio B-Haus ist ein Markenparadies für junge Trendsetter. Hier finden Sie Young-Fashion und coole Mode für Kids. Shopping-Spaß, der gute Laune macht.

A Finde im Text:
1 right in the heart of Essen
2 fashion for ladies and gentlemen
3 that puts you in a good mood

B Beantworte die Fragen auf Deutsch.
1 Wo liegt das Boecker Modehaus?
2 Was bietet das Boecker Classic-Haus?
3 Wie ist das neue Studio B-Haus?
4 Was findet man im Studio B-Haus?
5 Wie fühlt man sich, wenn man im Studio B-Haus einkaufen geht?

 www. **Mode – Onlineboutiquen und Modedesigner**
● www.impressionen.de/
● www.joop.de
● www.jilsander.com/

10 Lies was! Schuluniform

Dezember
Hallo!

Stimmt es, dass du in England eine Schuluniform tragen musst? Komisch!
Ich kann in der Schule anziehen, was ich will. Am liebsten trage ich meinen warmen Pullover. Der ist türkis und grün gestreift und sieht echt lustig aus. Meine Lieblingshose ist sportlich und hellblau. Meine Winterjacke ist gelb-grün und ich trage eine gelbe Mütze. Ich sehe also ganz schön bunt aus, wenn ich zur Schule gehe! Wie sieht denn deine Schuluniform aus? Kannst du mir ein Bild schicken?

Deine Anna

11　Wie sieht Anna aus?

Das Bild ist falsch. Kopiere Annas Bild in dein Heft und male es richtig.
Beantworte die Fragen auf Deutsch.

a) Was trägt Anna am liebsten?

b) Wie sieht ihre Hose aus?

c) Was ist gelb-grün?

d) Was trägt sie auf dem Kopf?

e) Wie sieht sie aus, wenn sie zur Schule geht?

12　Schreib was! Meine Schuluniform

Beantworte Annas Brief.

● Schreibe, wie dir Annas Schulkleidung gefällt.

● Beschreibe deine Schuluniform.

● Sag, wie dir deine Schuluniform gefällt.

13　Gruppenarbeit: Designerteam

Entwirf eine neue Schuluniform für deine Schule und beschreibe sie.

14　Sag was! Modenschau

Mache eine Modenschau mit deinen Freunden. Beschreibe die Kleidung.

Vokabeltipp　Kleidung einkaufen

Ich möchte einen Pullover, bitte.	I would like a pullover, please.
Welche Farbe / Größe möchten Sie?	Which colour / size would you like?
Kann ich das bitte anprobieren?	Could I try it on, please?
Wo ist die Umkleidekabine?	Where is the changing room?
Passt der Pullover?	Does the pullover fit?
Ja, er passt.	Yes, it fits.
Nein, er ist zu　*klein / groß.*	No, it's too　small / large.
kurz / lang.	short / long.
Gefällt er Ihnen?	Do you like it?
Er gefällt mir (nicht).	I (don't) like it.
Was kostet das?	How much is it?
Das kostet 45 Euro.	That's 45 Euro.

15   **Hör zu! In der Boutique**

Pommes kauft eine Hose. Fülle die Lücken im Text aus.

Verkäuferin:	Kann ich Ihnen helfen?
Pommes:	Ja, ich möchte bitte eine Hose.
Verkäuferin:	Ja, _____ _____ möchten Sie?
Pommes:	Diese rote Hose finde ich gut.
Verkäuferin:	_____ _____ brauchen Sie?
Pommes:	Ich weiß nicht … Medium …
Verkäuferin:	Möchten Sie diese Hose _____?
Pommes:	Ja, bitte. Wo ist _____ _____?
Verkäuferin:	Da vorne.
Verkäuferin:	_____ die Hose?
Pommes:	Sie ist ein bisschen _____ _____.
Verkäuferin:	Diese hier ist eine Nummer _____.
Pommes:	Ja, diese Hose passt. Wie sehe ich aus?
Verkäuferin:	Fantastisch! Das steht Ihnen wirklich gut!
Pommes:	Danke. Ich nehme die Hose.
Verkäuferin:	Die Hose _____ 35 Euro.
Pommes:	35 Euro? Prima.

> anprobieren   die Umkleidekabine
> kostet   größer   Welche Größe
> zu klein   welche Farbe   passt

16   **Rollenspiel: In der Boutique**

Rolle A

Du bist der Verkäufer / die Verkäuferin. Du fängst an.

1   Ask the customer, what (s)he would like to buy.
3   Ask what colour (s)he would like.
5   Ask if (s)he would like to try it on.
7   Give the customer directions to the changing rooms. Ask if it fits.

Rolle B

Du bist der Kunde. Dein Partner fängt an.

2   **4**

6   **8**

17   **Schreib was! Was trägst du lieber? Beantworte die Fragen in ganzen Sätzen.**

Beispiel

Ich trage lieber Kleider als Röcke.

1   **2**

Ich trage lieber ….. als …

3    **4**    **5**

> **Erste Hilfe**
> **der Schottenrock**   kilt

Grammatik

Dieser, jeder, mancher, welcher

Dieser (*this*) / **jeder** (*each, every*) / **mancher** (*many a, some*) / **welcher?** (*which?*)

These words have the same endings as **der** / **die** / **das** / **die**:

eg. Hörst du **diese** Ansage?
Welche Farbe möchtest du?
Jeden Montag fahre ich in die Stadt.
Manche Leute spielen gern Tennis.

If they are followed by an adjective, then that adjective also acts in exactly the same way as if it was following **der / die / das / die**:

eg. Ich will **diesen braunen** Hut kaufen.
Welche andere Farbe sieht gut aus?
Ich spiele **mit manchen jungen Leuten** Tennis.
An jedem schönen Morgen spielen wir Golf.

Übung

Fülle die Lücken aus!
1 Dies… schwarz… Schuhe sehen gut aus!
2 Welch… Rock findest du besser, dies… blau…… oder dies…… rot……..?
3 Manch… jungen Leute kaufen neue Kleider.
4 Jed……. andere Hose kostet mehr!
5 Dies…. gelb….. Hemd passt mir nicht.

---

18 | **Sag was! Welche findest du besser?**

Welches Kleidungsstück gefällt dir besser? Mache Sätze.

Beispiel

A *Welches T-Shirt findest du besser, dieses oder dieses?*
B *Ich finde das grüne T-Shirt besser …* (Zeige auf das Bild.)

1

2

3

4

5

Grammatik

Komparativ und Superlativ

Komparativ

We can use adjectives to describe people or things, but we can also use them to compare one person or thing with another.

In English we normally add **–er** to the adjective:

eg. *small – small**er*** *new – new**er*** *strong – strong**er**.*

But sometimes we have problems in English, particularly with longer words:

eg. *intelligent – intelligent**er**?* *boring – boring**er**?*

It just doesn't work, does it?

Clearly, with longer words we cannot simply add "-er", we use the word "more" instead:

eg. **more** *intelligent* **more** *boring*

In German, it is much simpler – we always just add **-er** to the adjective no matter how long it is!

eg. intelligent – intelligent**er** langweilig – langweilig**er**

The only thing we have to watch for is that many short adjectives add an umlaut to the vowel in the comparative form. (Unless they already have one, of course!)

eg. kalt – k**ä**lter alt – **ä**lter

groß – gr**ö**ßer jung – j**ü**nger

Obviously there are some exceptions, and the most common one is **gut** which is irregular in both English and German:

good – **better** gut – **besser**

When we compare things or people in English, we normally use the word "than": *I am older **than** David.*

In German, we can use the word **als** in the same way: Ich bin älter **als** David.

Pass auf!

Because comparatives are adjectives, we must add the appropriate ending <u>after</u> the **-er** when it is placed <u>before</u> the noun it is describing:

eg. Die Band will einen neuer**en** Look.

The band wants a new**er** look.

Haben Sie ein kleiner**es** T-Shirt?

Have you got a small**er** t-shirt?

Superlativ

So far we have only looked at comparing one thing or person with **one** other.

If we want to compare one thing or person with **all** others, we have to use the **superlative** form of the adjective.

In English we simply add "-est" to the adjective to make it into a superlative:

eg. *small – small**est*** *new – new**est*** *strong – strong**est***

With longer adjectives we use the word "most" to form the superlative:

eg. **most** *intelligent* **most** *boring.*

In German we add **-st** to the adjective (or **-est** if the adjective ends in **-t** or a vowel):

eg. klein – klein**st** lang – läng**st**

langsam – langsam**st** intelligent – intelligent**est**

As with the comparative, if the superlative comes <u>before</u> the noun it's describing, it has to add the adjective ending <u>after</u> the **-(e)st**:

Die Band will den neuest**en** Look. *The band wants the newest (latest) look.*

Ich nehme das klein**ste** T-Shirt. *I'll take the smallest T-shirt.*

Obviously there are some exceptions, and the most common one is **gut** which changes as follows:

good	*better*	*best*
gut	**besser** (comparative)	**best** (superlative)

Deine schönste Liebesgeschichte!

Ein heißer Flirt oder vielleicht auch nur ein Traum – Schick uns deine aufregendste, romantischste oder witzigste Liebesgeschichte. Leg auch ein Foto deines Schwarms oder Traumpartners bei und schick deine Liebesgeschichte an: liebe@geschichte.de

19   Deine schönste Liebesgeschichte

Wie sagt man das auf Deutsch?

1 your most beautiful love story

2 your most exciting love story

3 your most romantic love story

4 your funniest love story

20 **Lies und schreib was! So schön bist du!**

„Ich möchte älter aussehen!"
ALEXA
(15) aus Fulda:

„Weil ich extrem dünn bin, sehe ich jünger aus, als ich bin. Das stört mich total. Mein kindischer Jeanslook macht alles noch schlimmer. Könnt ihr mir verraten, welches Outfit mir steht und was ich tun kann, um älter auszusehen? "Klar doch! Erster Vorschlag: Haare ab! Ein schicker Trendcut lässt Alexa erwachsener aussehen. Dann folgen Make-up und die richtige Auswahl der Klamotten. Am Schluss ist die Schülerin genauso hübsch wie ein Fotomodell!

School-Ware

Outfit: Dunkle Farben machen erwachsener: Modisch sind, zum Beispiel, Kapuzen-Sweater und Military-Pants. Dazu: Lederjacke vom Flohmarkt.

Erste Hilfe

verraten	to tell
Kapuzen-Sweater	hooded sweater
Flohmarkt	flea market

A Finde im Text:
1 I look younger than I am.
2 Can you tell me
3 Off with the hair!
4 the right choice of clothes
5 Dark clothes make [you] more grown up.

B Beantworte die Fragen auf Deutsch.
1 Wie möchte Alexa aussehen?
2 Wie sieht sie vorher aus?
3 Was macht alles schlimmer?
4 Welche Farben machen erwachsener?
5 Was haben sie auf dem Flohmarkt gekauft?

21 **Lies was! Poprekorde**

Fülle die Lücken aus:
1 Scream war das _____ Video.
2 Def Leppard spielten _____ _____ Tournee.
3 Dark Side of the Moon war _____ _____ _____
4 _____ _____ _____ waren Die Beatles.

DAS TEUERSTE VIDEO

Michael & Janet Jacksons Clip zu *Scream* kostete 12,67 Millionen Dollar.

DIE SCHNELLSTE TOURNEE

Das Pink Floyd–Album *Dark Side of the Moon* stand 741 Wochen in den Top 200 (USA).

Def Leppard spielten am 24.10.1995 an ein und dem selben Tag auf drei Kontinenten – in Tanger (Afrika), London (Europa) und Vancouver (Kanada).

Die Beatles verkauften bis heute ca. eine Milliarde Platten.

DIE LÄNGSTE CHART-HIT

DIE ERFOLGREICHSTE BAND

Einheit B   **Einkaufen**

In Unit 3B you will learn how to
- *go shopping*
- *ask to buy items*
- *ask about opening times of shops*

1   **Lies den Cartoon und hör zu! Der neue Look (2)**

2   **Fragen zum Cartoon**

A   Finde im Text:
1   at the hairdresser's
2   in the boutique
3   What are you doing here?

B   Beantworte die Fragen auf Deutsch.
1   Welche Haarfarbe hat Pommes jetzt?
2   Wie sieht seine Hose aus?
3   In welchen Läden war Pommes?
4   Welche Haarfarben möchte Pia?

Vokabeltipp Geschäfte

beim	*Frisör / Metzger*	at the	hairdresser's / butcher's
im	*Laden / Supermarkt*	at the	shop / supermarket
in der	*Apotheke / Bäckerei / Metzgerei / Boutique / Buchhandlung / Drogerie*		
at the	(dispensing) chemist / baker's / butcher's / boutique / bookshop / chemist		
im	*Geschäft / Kaufhaus / Musikgeschäft / Schreibwarengeschäft*		
at the	shop / department store / music shop / stationer's		

Pass auf!

Remember to use **bei** + shopkeeper and **in** + shop

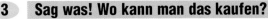

3 Sag was! Wo kann man das kaufen?

Verbinde die Sachen mit den Geschäften. Schreibe Sätze.

Beispiel *Zahnbürsten und Zahnpasta* kann man *in der Drogerie* kaufen.

A MUSIK MEIER

B DROGERIE

C BÄCKEREI MOSER

D METZGEREI WURSTMANN

E BOUTIQUE CHANTALLE

F MARKT APOTHEKE

G EMMA SUPERMARKT

H BÜCHER HUBER

J SCHREIBWAREN

4 Sag was! Meine Einkaufsliste

Beispiel

A *Warst du im Supermarkt?*

A *Hatten sie Tomaten?*

B *Ja, ich war im Supermarkt.*

B *Nein, sie hatten keine Tomaten.*

Supermarkt:
Tomaten X
Bananen X
Yoghurt ✓

Drogerie:
Zahnpasta ✓
Seife X
Pflaster X

Bäckerei:
Brötchen ✓
Brot X

Grammatik

Das Imperfekt

The **Imperfect Tense** is another past tense. You may have noticed the word **war** in Anstoß. It's just like our English word "was":

eg. Ich **war** beim Frisör. *I **was** at the hairdresser's.*

Ich **war** in der Boutique. *I **was** in the boutique.*

Clearly **war** is a part of the verb **sein** (*to be*):

ich **war**	*I was*	wir **waren**	*we were*
du **warst**	*you were*	ihr **wart**	*you were*
er/sie/es **war**	*he/she/it was*	Sie/sie **waren**	*you/they were*

The other very common verb we are likely to have met in the imperfect tense is **haben** (*to have*):

ich **hatte**	*I had*	wir **hatten**	*we had*
du **hattest**	*you had*	ihr **hattet**	*you had*
er/sie/es **hatte**	*he/she/it had*	Sie/sie **hatten**	*you/they had*

The imperfect tense of other verbs will be explained in the next chapter.

Übung

Fülle die Lücken aus! Setz die Verben ins Präteritum!

> *Beispiel* Ich _____ in der Boutique. (sein)
> *Ich **war** in der Boutique.*

1 _____ du im Supermarkt? (sein)
2 Ich _____ ein Buch. (haben)
3 _____ sie Tomaten? (haben)
4 Wir _____ in der Boutique. (sein)
5 _____ ihr Bananen? (haben)

was?	wo?
Wurst	Metzgerei

5 **Hör zu! Klaus geht einkaufen**

Was muss Klaus einkaufen? Wo? Schreib die Einkaufsliste.

6 **Schreib was! Einkaufen**

Deine Freundin schreibt dir diese E-Mail.

> ### E-Mail
>
> Hallo!
> Ich freue mich schon auf meinen Besuch bei dir!
> Bei uns kann man nicht so gut einkaufen. Es gibt nicht viele Geschäfte. Wir haben nur einen Supermarkt und eine Bäckerei.
> Kann man bei euch in der Stadt gut einkaufen?
> Dein Tim

Schreib eine Antwort!

Du musst folgende Informationen auf Deutsch geben:

- ob es viele Geschäfte in deiner Stadt gibt
- ob man in deiner Stadt gut einkaufen kann
- wo du normalerweise einkaufen gehst.

Vokabeltipp   Öffnungszeiten

die Öffnungszeiten / die Geschäftszeiten	opening hours
Wann ist das Geschäft geöffnet / geschlossen?	When is the shop open / closed?
Wann macht das Geschäft auf / zu?	When does the shop open / close?
Das Geschäft ist von … bis … auf.	The shop is open from … until ….
Wann ist Mittagspause?	When is the lunch break?

LEBENSMITTEL EINKAUFEN

Pass auf! *of is not needed in the German sentences!

Ich möchte	ein Kilo / 200 Gramm / ein Stück	Käse.
I would like	a kilo of [*] / 200 grams of / a piece of	cheese.
Ich hätte gern	ein Paket Kaffee / eine Dose Suppe / einen Liter Milch / eine Flasche Bier.	
I would like	a packet of coffee / a tin of soup / a litre of milk / a bottle of beer.	

Ist das alles?	Is that all?	Ja, das ist alles.	Yes, that's all.
Noch etwas?	Anything else?		
Was kostet das?	How much does it cost?	Das kostet ….	That's ….

7   Hör zu! Öffnungszeiten

Ein paar Zahlen fehlen auf diesem Schild.
Kannst du sie finden?

Bäckerei Sacher
Geschäftszeiten

Montags bis Mittwochs und Freitags:
von ___.00 Uhr bis 17.00 Uhr durchgehend geöffnet.
Donnerstags von ____.00 Uhr bis 19.30 Uhr.
Samstags von ___ Uhr bis 14.00 Uhr.
Sonntags von ___ Uhr bis 15.00 Uhr.

9   Einkaufen für eine Party

Ihr plant eine Party. Macht eine Einkaufsliste.
In welche Geschäfte müsst ihr gehen?

8   Sag was! Der Tante-Emma-Laden

Im Tante-Emma-Laden *(corner shop)* gibt es fast alles.
Sag, was du möchtest.

Beispiel

Verkäufer: Ja, bitte?
Kunde: Ich möchte gern zwei **Stück Kuchen**.
Verkäufer: Ist das alles? / Noch etwas?
Kunde: Ja, ich hätte auch gern …

10 Rollenspiel: Im Laden

Arbeite mit einem Partner. Partner A ist der Verkäufer. Partner B ist der Kunde.

Partner A: Schreibwaren Müller

Preise:	Bleistifte	50 Cent
	Kugelschreiber	70 Cent
	1 Paket Buntstifte	2,30 Euro
	Hefte	1,20 Euro
	Radiergummis	30 Cent
	Postkarten	50 Cent

Partner B: Deine Einkaufsliste

2 Kugelschreiber	1 Radiergummi
3 Hefte	5 Postkarten

11 Rätsel: Wo muss Ina einkaufen?

1   im MARSUKTPER
2   im TIBSCHÄSCHEFRAREWENG
3   im HÄSCFIGEMKUST
4   in der TEKAHEPO
5   in der KEBREÄCI
6   in der ZREGEIMET

Aussprache

v / w / schw

v   wie englisch **f: Vogel, viel, vorne, von, Vater**

w   wie englisch **v: Wasser, Wein, wenig, wann, Wurst**

schw   wie englisch **shv: Schwester, Schwein, schwer, schwindelig, schwarz**

Hör zu und wiederhole!

Vom schwarzen Wasser will Vater wenig – vom schweren Wein will er viel!

 w w w ·

Einkaufen
● www.neckermann.de/
● http://www.aldi-sued.de/
● www.klingel.de/

Wörterbuch

Die richtige Übersetzung finden

Es gibt oft im Wörterbuch viele Übersetzungen für ein Wort. Du musst immer **alles** lesen – auch die Beispiele. Dann findest du die richtige Übersetzung. Manchmal musst du das Wort im Deutsch-Englischen Wörterbuch nachschauen.

Beispiel   *Du bist im Supermarkt. Du brauchst einen … trolley … wie sagt man das auf Deutsch?*

trolley
Ⓐ *(Brit.: on rails)* Draisine, *die;* Ⓑ *(Brit.: for serving food)* Servierwagen, *der;* Ⓒ *(Brit.)* [**supermarket**] trolley Einkaufswagen, *der;* Ⓓ *(Amer.)* trolley[**-car**] Straßenbahn, *die;* Ⓔ **he's off his trolley** *(sl.: insane)* bei ihm ist eine Schraube locker

Übung

Welche Wörter passen in die Lücken? Finde die richtigen Übersetzungen im Wörterbuch.

1   Du gehst zur Schule. Du hast viele Bücher und Hefte in deiner großen … **bag** ….
2   Du kaufst Bonbons. Der Verkäufer gibt dir eine kleine … **bag** … aus Papier.
3   Du gehst in die Disko. Du nimmst eine kleine, silberne … (**hand)bag** … mit.

bag
Ⓐ Tasche, *die;* Ⓑ *(sack)* Sack, *der;* Ⓑ *(handbag)* [**Hand**]tasche, *die;* Ⓓ *(of plastic)* Beutel, *der;* Ⓔ *(small paper bag)* Tüte, *die;* Ⓕ **bag and baggage** *(fig.)* mit Sack und Pack.

4   Du bist im Kaufhaus und willst bezahlen. Du suchst eine … **check-out** …

check-out
Ⓐ Abreise, *die;* Ⓑ *(desk)* Kasse, *die;* Ⓑ check-out desk or point or counter Kasse, *die*

Einheit C   Weihnachten

In Unit 3C you will learn how to
● talk about Christmas
● say what sort of presents you are buying

---

1   Lies den Cartoon und hör zu! Weihnachtsgeschenke

Erste Hilfe
das Mofa — moped
das Geschenk — present
genug — enough
wichtiger — more important

Pommes: Ich wünsche mir ein Mofa zu Weihnachten. Und was wünscht du dir, Pia?

Pia: Ich wünsche mir Geld von meinen Eltern. Dann kann ich mir mein Geschenk selber kaufen.

Pommes: Und du, David?

David: Meine Eltern schenken mir auch Geld. Sieh mal! Die haben hier ganz billige Amps und Mikrophone. Wir brauchen so was für die Band!

Pommes: Ja, aber die Band hat kein Geld …

David: Doch! Wir haben unser Weihnachtsgeld.

Pia: Deine Eltern können dir doch auch Geld schenken. Dann haben wir genug Geld!

Pommes: Das geht nicht. Ich möchte lieber ein Mofa!

Pia: Was ist wichtiger, die Band oder dein Mofa?!

David: Egoist!

Pommes: Aber …

2   Lies was! Fragen zum Cartoon

A Finde im Text:
1 I would like to have … (as a present).
2 What would you like to have as a present?
3 my present
4 My parents are giving me money too.

B Beantworte die Fragen auf Deutsch.
1 Was wünscht sich Pommes? Und Pia?
2 Was schenken die Eltern David?
3 Was braucht die Band? Was hat die Band nicht?
4 Was wollen die Freunde mit ihrem Weihnachtsgeld machen?
5 Was denkst du? Soll Pommes sich ein Mofa oder Geld für die Band wünschen?

Vokabeltipp — Ich wünsche mir

Pass auf!

wünschen + Dativ!   schenken + Dativ !

Was wünscht du dir	*zum Geburtstag?*
	zu Weihnachten?
Ich wünsche mir ein Fahrrad.	

What would you like	for your birthday?
	for Christmas?
I'd like a bicycle.	

Grammatik

Dativ mit Verben

Some verbs that we will meet will inevitably involve the use of the **dative case**:

erzählen	to tell/relate (to)	**schenken**	to give (as a present) (to)
geben	to give (to)	**schreiben**	to write (to)
sagen	to say (to)	**bringen**	to bring (to)
zeigen	to show (to)	**schicken**	to send (to)

eg. Claudia zeigt es **ihrer Freundin**. *Claudia shows it **to her friend**.*

Was schenkst du **deinen Eltern**? *What are you giving **(to) your parents**?*

Ich gebe **dir** ein Buch. *I'm giving you a book **(to you)**.*

Notice that sometimes in English we don't include the word "to", even when it's implied. In German we never need to use a word for "to", but we <u>do</u> have to use the dative case!

3   **Hör zu! Geschenke**

Claudia erzählt ihrer Freundin, was sie zu Weihnachten schenkt. Mach eine Liste.

4   **Lies und sag was! Was für Weihnachtsgeschenke?**

Kleiner Tipp: CDs finde ich als Weihnachtspräsent superlangweilig. *Dieter*

Die Hauptsache ist und bleibt: mit Liebe geschenkt! *Maria*

Ich freue mich über jedes Geschenk, denn für mich ist es wichtig, dass jemand an mich gedacht hat. *Paul*

Billiges Parfüm oder Kleidung finde ich total einfallslos. *Anja*

Wenn mir jemand viel bedeutet, überlege ich mir lieber etwas ganz Besonderes. *Nick*

Ich verschenke niemals Gutscheine oder Geld. *Margaret*

Erste Hilfe
einfallslos — unimaginative
Gutschein — gift token

Dieter, Maria, Paul, Anja, Nick oder Margaret?

1   Wer findet Parfüm einfallslos?
2   Wer verschenkt nie Geld?
3   Wer findet CDs als Geschenk total langweilig?
4   Wer freut sich über jedes Geschenk?

5   Wer kauft etwas Besonderes, wenn ihm jemand viel bedeutet?
6   Wer glaubt, dass man etwas mit Liebe schenken sollte?

5 **Schreib was! Meine Wunschliste** ✏️ 💬

Was wünscht du dir zu Weihnachten / zum Geburtstag? Schreibe eine Wunschliste.
Vergleiche sie mit deinen Freunden.

🌐 *Kulturtipp* **Weihnachten**

- In Deutschland, Österreich und in der Schweiz ist Weihnachten sehr
  wichtig.
- Im Dezember gibt es in der Stadt Weihnachtsmärkte oder
  Christkindlmärkte *(Christmas markets)*. Da kann man gut Geschenke
  kaufen.
- Am 6. Dezember kommt der Nikolaus *(St Nicholas)* zu den Kindern.
  Der Nikolaus gibt den Kindern ein kleines Geschenk.
- Der 24. Dezember ist Heilig Abend, der wichtigste Weihnachtstag!
  Heilig Abend bringt das Christkind *(Baby Jesus)* die Geschenke! Am
  1. und 2. Weihnachtstag (25. und 26. Dezember) kommt viel Besuch.
- Am 31. Dezember ist Silvester. Dann gibt es Partys und Feuerwerk
  (fireworks).

🟢 *Vokabeltipp* **Glückwünsche**

Frohe Weihnachten!	Happy Christmas!	*Viel Glück!*	Good luck!
Frohes, neues Jahr!	Happy New Year!	*Viel Erfolg!*	Lots of success!
Frohe Ostern!	Happy Easter!	*Viel Spaß!*	Have fun!
Herzlichen Glückwunsch zum Geburtstag!	Happy birthday!	*Schöne Ferien!*	Have a nice holiday!

 w w w .

Weihnachten und Silvester
- www.weihnachten-info.de/
- www.weihnachten.ch/
- www.familie-online.de/weihnachten/
- www.silvester-online.de/

6 Lies was! Glückwünsche

Welche Karte passt zu welchem Text? Schreibe die Buchstaben auf.

A

B

D

C

E

1

Liebe Karin,

alles Gute zum Geburtstag!

2

Viel Glück beim Examen!

Dein Tom

3

Liebe Oma, Frohes Neues Jahr wünscht dir dein Enkel Rafael.

4

Von Mama und Papa für Ina:

Fröhliche Weihnachten!

5

Frohe Ostern

wünscht Ihnen die Bäckerei Schlüter

7 Sag was! Situationen – was sagst du?

Beispiel   Deine Freundin hat Geburtstag.
Herzlichen Glückwunsch zum Geburtstag.

1 Dein Freund fährt in den Urlaub.
2 Es ist der 25. Dezember.
3 Dein Bruder schreibt einen Test.

4 Es ist der 1. Januar.
5 Deine Eltern gehen ins Kino.

8 Lied: O Tannenbaum

O Tannenbaum, o Tannenbaum,
wie grün sind deine Blätter.
Du grünst nicht nur zur Sommerzeit,
nein auch im Winter, wenn es schneit.
O Tannenbaum, o Tannenbaum,
wie grün sind deine Blätter.

9 **Lies was! Wenn Jungs was schenken … wird's echt romantisch!**

DARIUS möchte seinen süßen Schwarm vom letzten Urlaub wieder sehen …
„Ich will mein Dreamgirl diesen Winter wieder sehen! Beim Snowboarden im letzten Winter habe ich Assuntina kennen gelernt. Ich fand sie sofort super! Jetzt möchte ich sie zu Weihnachten mit einem Wochenende im Schnee überraschen: Snowboarden, Spaß haben und sich besser kennen lernen."

TONY möchte seine Freundin so richtig verwöhnen – ganz wie ein Gentleman
„Dies ist das erste gemeinsame Weihnachtsfest von meiner Freundin Sasha und mir – aber bestimmt nicht das letzte! Ich möchte sie mit einem romantischen Candle-Light-Dinner überraschen; den Tisch schön weihnachtlich mit Lametta und Tannenzweigen dekorieren und mit einer Duftlampe für Stimmung sorgen."

JAN ist seit eineinhalb Jahren mit Elisa zusammen und freut sich auf Weihnachten
„Meine Freundin Elisa ist für mich das wichtigste Mädchen auf der Welt! Wir sind total glücklich und sie ist mein absolutes Traumgirl! Klamotten stehen auf ihrem Wunschzettel. Was Elisa sich wünscht, soll sie auch kriegen! Dazu gibt es auch einen hübschen weihnachtlichen Blumenstrauß."

Korrigiere die falschen Sätze:

1 Darius will sein Dreamgirl im Sommer wieder sehen.

2 Darius will Assuntina mit einem Monat im Schnee überraschen.

3 Tony ist kein Gentleman.

4 Dies ist das letzte gemeinsame Weihnachtsfest für Tony und Sasha.

5 Jan ist seit eineinhalb Monaten mit Elisa zusammen.

6 CDs stehen auf Elisas Wunschzettel.

Erste Hilfe

überraschen	to surprise
sich besser kennen lernen	to get to know each other better
verwöhnen	to spoil
bestimmt nicht das letzte	certainly not the last
Lametta	tinsel
Tannenzweige	fir tree branches
eine Duftlampe	scented lamp
für Stimmung sorgen	to create an atmosphere
Blumenstrauß	bunch of flowers

Aussagesätze

Wie heißt das auf Deutsch?

at the supermarket / hairdresser's / (dispensing) chemist / baker's / butcher's / boutique / bookshop / department store / music shop / stationer's
Happy Christmas! Happy New Year! Happy Easter!
Happy birthday! Good luck!
Have fun! Have a nice holiday!

Wie heißt das auf Englisch?

Was für Kleidung trägst du gerade?
Ich trage gern / nicht so gern …
Sie trägt ein buntes / gestreiftes T-Shirt.
Ich möchte einen Pullover, bitte.

Welche Farbe / Größe möchten Sie?
Kann ich das bitte anprobieren?
Wo ist die Umkleidekabine?
Passt der Pullover?
Nein, er ist zu klein / groß.
Er gefällt mir nicht.
Wann ist das Geschäft geöffnet / geschlossen?
Das Geschäft ist von …bis… auf.
Ich möchte / hätte gern ein Kilo Käse.
Ist das alles?
Was kostet das?
Was wünscht du dir zum Geburtstag?
Was schenkst du deinem Vater? / deiner Mutter?

Einheit A   Wo bin ich?

Lernziele

In Unit 4A you will learn how to
- *understand directions*
- *give directions*

1   **Lies den Cartoon und hör zu! Verlaufen!**

Hallo Leute!
Mein Cousin heiratet am Samstag.
Ihr seid alle herzlich zur Hochzeitsfeier eingeladen!
Wann?
Samstagabend um 7 Uhr
Wo?
Hotel Anatoli, Grabenstraße 9
Bis dann,
Yasemin

Da bist du ja endlich! Was ist passiert?!

Ach, Matthias, es war schrecklich ...

... Ich war mit Pia im Bus. Wir wollten zur Feier ...

Wo müssen wir aussteigen?

An der Brücke.

... Wir stiegen an der falschen Haltestelle aus ...

Und wo ist jetzt das Hotel?

Am Ende der Straße.

...Wir hörten Schritte. Wir hatten Angst...

Da kommt jemand.

Geh' schneller!

...Es regnete. Wir hatten uns verlaufen...

Hier ist kein Hotel.

Wo sind wir? Ich habe Angst!

...Dann hatte ich eine Idee.

Bergstraße

Ich rief Yazzi an und fragte sie nach dem Weg!

Wir haben uns verlaufen! Wie kommen wir zum Hotel?

Danke, Yazzi! Du hast uns gerettet!

Ja, und jetzt musst du etwas essen! Komm mit!

2 **Lies was! Fragen zum Cartoon**

A Finde im Text:
1 at the bridge
2 at the end of the road
3 Where are we?
4 We got lost.
5 How do we get to the hotel?

B Beantworte die Fragen auf Englisch.
1 Who is getting married?
2 Why was Matthias worried?
3 How did they get to the hotel?
4 Why did they get lost?
5 Why were they afraid?
6 How did Laura save the day?

Erste Hilfe

heiraten	to get married
die Hochzeitsfeier	wedding reception
endlich	at last
aussteigen	to get off
die falsche Haltestelle	wrong bus stop
Schritte	steps
sich verlaufen	to get lost
gerettet	saved

3 **Hörspiel: Der Weg zum Hotel**

Laura und Pia haben sich verlaufen. Laura ruft Yasemin an. Wo ist das Hotel?
Schreibe den Buchstaben.

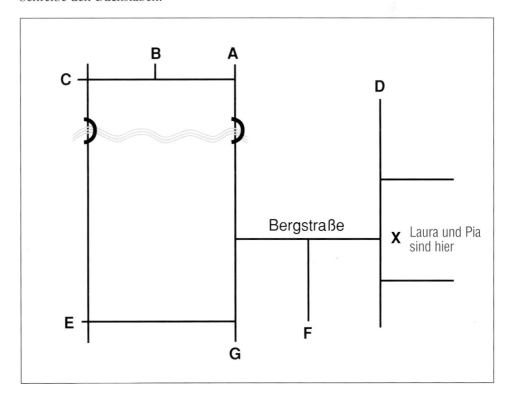

⬮ *Vokabeltipp*   **Wege beschreiben**

Entschuldigung, ...	Excuse me,		
Entschuldigen Sie bitte ...			
Ich habe mich	*verfahren.*	I am lost (in a car).	
	verlaufen.	I am lost (on foot).	
Wo ist (hier) der Bahnhof?		Where is the station (here)?	
Wie komme ich zum Bahnhof?		How do I get to the station?	

> **Pass auf!**
>
> Wie komme ich zu + Dativ!

Gehen Sie	*geradeaus ...* ↑	*Fahren Sie*	*hier rechts ...* →	
Go	*hier links ...* ←	Go / Drive	*zurück ...* ↓	
Nehmen Sie die	*erste (Straße)*	*links.*	1. ←	
Take the	*zweite*	*rechts.*	2. →	

Fahren Sie	*bis zum Ende der Straße ...*	to the end of the road
Go	*über die Brücke*	over the bridge
	am Bahnhof vorbei	past the station
	über die Kreuzung	over the crossing
	bis zum Park	as far as the park

> **Pass auf!**
>
> Here we are giving instructions to a stranger, so we have to be sure that we use the correct form of the **imperative**!

Der Bahnhof ist auf der rechten / linken Seite.	The station is on the right / left.

---

4   **Lies was! Wir treffen uns in Gassenhausen**

Lies die E-Mail und sieh den Stadtplan an. Wo trefft ihr euch?

> **Pass auf!**
>
> Here Marius is giving instructions to a friend, so he uses the **du** form of the imperative!

▤ E-Mail ▤

Hi, Anke!

Toll, dass du mich besuchen kommst! Sollen wir uns um 3 Uhr im _____ treffen?

Hier ist die Wegbeschreibung:

Du kommst am Bahnhof an. Geh die Bahnhofsstraße bis zum Ende.

Geh an der Ampel links.

Nimm die erste Straße rechts.

Nimm die erste Straße links.

Der _____ ist auf der rechten Seite. Ich warte am Eingang.

Bis dann!

Marius

Vokabeltipp **Stadtplan Gassenhausen**

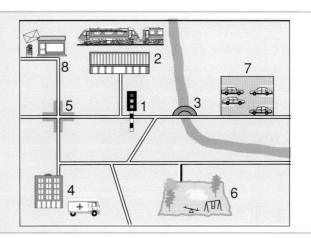

1 die Ampel	traffic lights
2 der Bahnhof	railway station
3 die Brücke	bridge
4 das Krankenhaus	hospital
5 die Kreuzung	crossing
6 der Park	park
7 der Parkplatz	car park
8 die Post	post office

5 **Hör zu! Ansagen im Bus**

Sieh dir den Vokabeltipp an. Wie fährt der Bus? Schreibe die richtige Route auf.

Beispiel **7** *(Parkplatz)*

6 **Schreib was! Wegbeschreibungen**

Du bist am Park von Gassenhausen. Du gehst links. Wohin gehst du?

Beispiel Du nimmst die zweite Straße links.
*Das **Krankenhaus** ist dir gegenüber.*

1 Du nimmst die erste Straße rechts and wieder die erste rechts. Du gehst über die Brücke. Der _____ ist auf der linken Seite.

2 Du nimmst die zweite Straße rechts. Du gehst immer geradeaus bis zum Ende der Strasse. Die _____ steht dir gegenüber.

3 Du nimmst die erste Straße rechts, die erste links und dann die erste rechts. Der _____ steht am Ende der Straße.

7 **Sag was! Wo in Gassenhausen?**

Arbeite mit einem Partner. Ihr seid am Parkplatz von Gassenhausen. Partner A fragt nach dem Weg. Partner B beschreibt den Weg.

Beispiel
A *Entschuldigung, wo ist hier der Bahnhof?*
B *Gehen Sie über die Brücke und an der Ampel rechts. Der Bahnhof ist am Ende der Straße.*

1 **2**  **3**

E-Mail

Hallo,
ich kann dich am Samstag besuchen. Wie komme ich von der Haltestelle zu dir? Kannst du mir den Weg beschreiben und eine Karte zeichnen?
Rebekka

8 **Schreib was! Der Weg zu dir**

Beantworte die E-Mail und zeichne eine Karte.

9 **Lied: Ich habe mich verlaufen**

1) Entschuldigung, Entschuldigung!
   Ich habe mich verlaufen.
   Wo ist hier das Restaurant?
   Wie komme ich zum Restaurant?

   Gehen Sie zurück.
   Nehmen Sie die erste rechts.
   Gehen Sie dann geradeaus;
   und dann die zweite links.

2) Entschuldigung, Entschuldigung!
   Ich habe mich verlaufen.
   Wo ist hier die Disko?
   Wie komme ich zur Disko?

   Gehen Sie nach links.
   Nehmen Sie die zweite rechts.
   Nehmen Sie die erste links;
   und dann sind Sie da.

3) Entschuldigung, Entschuldigung!
   Ich habe mich verlaufen.
   Wo ist hier mein Hotel?
   Wie komme ich zu meinem Hotel?

   Gehen Sie geradeaus.
   Nehmen Sie die erste links.
   Nehmen Sie dann die erste rechts;
   und dann sind Sie da.

10 **Fragen zum Lied**

A Wo will der Sänger hin?
Schreibe die richtigen Zahlen.

1

2

POSTAMT POSTA
3

4

5

6

7

8

B Kannst du den richtigen Weg für den Sänger (drei Orte) finden?
A, B, C, D oder E?

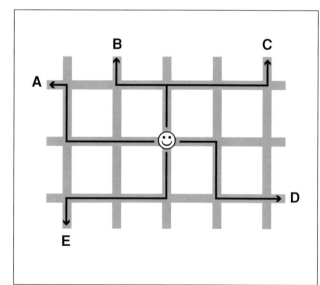

Grammatik

Das Imperfekt

This is another past tense and is used to describe what happened in the past. It is sometimes called the simple past tense – not because it is easier than others, but because it consists of only one word! It is not used as much as the perfect tense, as it is mainly restricted to written German, while the perfect tense is used much more in conversation. You will find the imperfect tense more in books, stories, reports and newspapers. You won't necessarily need to use the imperfect of a lot of verbs yet, but you will need to be able to recognise it.

In Chapter 3 we looked at the imperfect tense of two very important verbs, **haben** and **sein**.
We now need to look at how the imperfect tense of other verbs is formed:

A   Weak Verbs

The imperfect tense of weak verbs is easy. Look at this example:
machen *(to make, to do)*

ich mach**te**	wir mach**ten**
du mach**test**	ihr mach**tet**
er / sie / es mach**te**	Sie / sie mach**ten**

i.e. to the stem are added the **weak verb endings**:
   -te, -test, -te, -ten, -tet, -ten, -ten

All weak verbs follow this pattern, although some have to add an extra **-e-** before the ending to make them easier to pronounce:
ich arbeitete *(I worked)*, ich wartete *(I waited)*, ich redete *(I spoke)*, ich antwortete *(I answered)*.

B   Strong Verbs

Strong verbs do not follow the same pattern. They have irregular imperfect tense stems and have to be learned separately. Here are a few examples of the most common strong verbs:

sein – **war**	kommen – **kam**	sehen – **sah**
stehen – **stand**	finden – **fand**	fahren – **fuhr**
gehen – **ging**	geben – **gab**	springen – **sprang**
sprechen – **sprach**		

To the stem we add the **strong verb endings**:
- , -st, - , -en, -t, -en, -en

Notice that we add nothing to the stem in the **ich** and **er / sie / es** parts of the verb:

ich kam	wir kam**en**
du kam**st**	ihr kam**t**
er / sie / es kam	Sie / sie kam**en**

C   Mixed Verbs

These are verbs which have irregular stems, but which use the **weak verb endings**!
They form the imperfect tense like this:
haben – ich **hatte**, denken – ich **dachte**, wissen – ich **wusste**

D   Modal Verbs

The imperfect tense of the modal verbs is quite commonly used in spoken German, so we need to remember them:
dürfen – ich **durfte** *(I was allowed to)*; können – ich **konnte** *(I could)*; müssen – ich **musste** *(I had to)*; sollen – ich **sollte** *(I should)*; wollen – ich **wollte** *(I wanted to)*; mögen – ich **mochte** *(I liked)*.

If you are not sure whether the imperfect tense of a verb is weak or strong or mixed, look it up in the irregular verb table at the back of the book – if it is not there it's weak!

Übung

Setz die Verben ins Imperfekt!
1 Ich (**spielen**) Gitarre in einer Band.
2 Wir (**warten**) auf unseren Vater.
3 Sie (*she*) (**lachen**) immer.
4 Sie (*they*) (**stehen**) morgens früh auf.
5 Es (**geben**) viel zu tun.
6 Der Bus (**kommen**) rechtzeitig an.
7 Ich (**haben**) nicht viel Zeit.
8 Wir (**fragen**) Yazzi nach dem Weg.
9 Er (**wollen**) zur Party gehen.
10 Es (**regnen**) heftig.

11   Lies was! Mein peinlichstes Erlebnis

Ich *war* auf einer Party. Mein Schwarm, der süße Michael _____ auch da. Mein Vater _____ mich um 11 Uhr abholen. Also _____ ich vor der Tür. Da _____ Michael nach draußen. Er wartete auch auf seinen Vater. Es war ganz dunkel. Wir _____ und redeten. Ich war total aufgeregt.

Plötzlich _____ ein Auto. „Oh," _____ ich zu Michael, „das ist mein Vater. Tschüs!". Ich _____ ihn ganz schnell und _____ mit klopfendem Herzen ins Auto.

Im Auto sagte ich: „Hallo, Papa!". Da _____ ein völlig fremder Mann: „Hallo! Wer bist du denn?"

Wie peinlich!!! In der Aufregung war ich ins falsche Auto gesprungen – und ausgerechnet in das Auto von Michaels Vater!

Michael _____ neben dem Auto und _____!

Nina

Erste Hilfe	
peinlich	embarrassing
das Erlebnis	experience
der Schwarm	boy / girl you fancy
draußen	outside
aufgeregt	excited
plötzlich	suddenly
ein fremder Mann	a stranger
in der Aufregung	in my excitement
hupen	sound a horn, hoot

antwortete   hupte   küsste   war   wartete   wollte
lachte   redeten   kam   sagte   sprang   war   stand

12   Schreib was! Mache Sätze in der Vergangenheit

Ich	telefoniertet	Tennis.
Du	hörten	mit Tante Juliane.
Marianne	besuchten	ihren Freund.
Wir	tanzte	eine CD.
Ihr	spieltest	den ganzen Abend.
Stefan und Benni	kochte	das Abendessen.

 Stadtpläne und Karten
● www.stadtplan.net/home.html
● www.stadtplandienst.de
● www.telemap.de/map.htm

Aussprache

Zungenbrecher mit Rrrr
Hier kannst du dein deutsches **r** üben. Denk dran: das deutsche **r** ist hinten im Hals! Wie schnell kannst du diese Sätze sagen?
● Barbara ruft: „Rhabarber, Rhabarber!" – „Rhabarber, Rhabarber!" ruft Barbara.
● Blaukraut bleibt Blaukraut und Brautkleid bleibt Brautkleid.
● Rechtsherum und linksherum und rundherum.

Einheit B   Bozen

Lernziele

In Unit 4B you will learn
● *to describe a town*
● *to say where a town is situated*

---

1   **Lies den Cartoon und hör zu! Einladung zum Jugendmusik-Workshop**

Erste Hilfe
in den Bergen   in the mountains
Kann man da nichts machen? Is there nothing we can do?

Pia: Du kannst wieder Keyboard spielen, David.
              Klasse!

Pommes: Ja, toll! Wir brauchen dich ja in Bozen.

Matthias, David, Yasemin: Bozen?

Pommes: Ja, Bozen! Heute Morgen kam ein Brief. Der
              Jugendmusik-Workshop ist im Sommer in
              Bozen!!!

Yasemin: Wo ist Bozen?

Matthias: Das ist in Südtirol, im Norden von Italien.
              Es ist nur 150 km von Salzburg entfernt!

David: Liegt Bozen in den Bergen? Toll!

Matthias: Was ist los, Yazzi? Gefällt es dir in den
              Bergen nicht?

Yasemin: Doch, aber ich kann wieder nicht mitfahren.
              Ich darf nicht allein nach Bozen.

Pommes: Oh, nein!

David: Das ist nicht fair.

Matthias: Kann man da nichts machen?

---

2   **Fragen zum Cartoon**

A   Finde im Text:
1   in the North of Italy
2   only 150 km away from Salzburg
3   in the mountains

B   Beantworte die Fragen auf Deutsch.
1   Wo ist der Jugendmusik-Workshop?
2   In welchem Land ist Bozen?
3   Wer kann nicht nach Bozen fahren?

3 **Hör zu, lies und schreib was! Yasemins Tagebuch**

Samstag, den 13. Februar
Liebes Tagebuch!
Was für ein Tag! Ich ging heute Nachmittag zu Pommes. Wir hatten eine Bandprobe.
David war auch da. Obwohl er noch ganz müde war, spielte er sogar ein bisschen Keyboard. Es ging ihm endlich besser   so ein Glück!
Während wir spielten, kam Pommes mit einem Brief über den Jugendmusik-Workshop. Wir lasen alle aufgeregt den Brief. Sie schreiben, dass der Workshop in Südtirol ist. So ein Mist! Ich wusste natürlich sofort, dass meine Eltern da Probleme machen, weil sie sehr streng sind.
Ich ging nach Hause. Als ich meinen Vater fragte, sagte er natürlich: „Nein, allein darfst du nicht fahren!".
Meine Mutter sah, dass ich sehr traurig war. Sie kam in mein Zimmer. Ich erzählte ihr alles. Sie weiß nicht, ob sie mir helfen kann. Ich muss eine Lösung finden!!!!

Erste Hilfe
das Tagebuch — the diary
natürlich — of course
eine Lösung finden — to find a solution

A Schreib was! Finde alle Verben im Imperfekt.
Mache eine Liste von allen Verben im Imperfekt und schreibe den **Infinitiv** der Verben.

Beispiel Ich **ging** heute Nachmittag zu Pommes.
ging - gehen

B Beantworte die Fragen auf Deutsch:
1 Wer spielte ein bisschen Keyboard?
2 Wer kam mit einem Brief über den Jugendmusik-Workshop?
3 Was lasen sie?
4 Wo ist der Workshop?
5 Wer darf nicht zum Workshop?

Grammatik

Konjunktionen

We have already met two conjunctions (**wenn** and **weil**) which affect the word order of the sentence. Here are a few more:

bevor	before	dass	that
bis	as far as / until	obwohl	although
während	while	als	when
nachdem	after	ob	whether / if

These conjunctions send the verb to the end of the sentence or clause:
eg. Sie weiß nicht, **ob** sie mir helfen **kann**.

Remember: VERB, VERB in the middle, if the conjunction begins the sentence:
eg. **Obwohl** er noch ganz müde **war**, **spielte** er Keyboard.
Während wir **spielten**, **kam** Pommes mit einem Brief.

Übung

Put the conjunction given into the gap and make alterations to word order and punctuation as necessary.

Beispiel Ich gehe ins Kino. (weil) Ein guter Film läuft.
Ich gehe ins Kino, **weil** ein guter Film **läuft**.

1 Pia fährt nach Bozen. (obwohl) Yasemin bleibt zu Hause.
2 (als) Pommes kam mit dem Brief über den Workshop. Sie waren alle aufgeregt.
3 Es war schade. (dass) David war krank.
4 (Während) David spielte ein bisschen Keyboard. Pommes las den Brief.
5 Sie warteten im Probekeller. (bis) Pommes kam nach Hause.

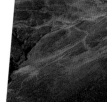

4 Lies was! Südtirol

Südtirol liegt im Norden von Italien. Dort spricht
man Deutsch und Italienisch. Alles ist in zwei
Sprachen! Auf Italienisch heißt Südtirol „Alto
Adige".
Bis 1919 war Südtirol österreichisch. Danach kam
es zu Italien.
Südtirol liegt in den Bergen. Die Zentralalpen und
die Dolomiten sind über 3.000 Meter hoch. In
den Tälern (*valleys*) wächst guter Wein.
Bozen ist die Hauptstadt von Südtirol. Der
italienische Name für Bozen ist Bolzano.

5 Schreib was! Richtig oder falsch?

Korrigiere die fälschen Sätze.
1 Südtirol liegt im Norden von Italien.
2 Dort spricht man Französisch.
3 Südtirol heißt „**Veneto**" auf Italienisch.
4 Südtirol liegt am Meer.
5 Meran ist die Hauptstadt von Südtirol.

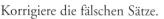

www. **Südtirol**
● www.suedtirol-online.de/
● www.suedtirol-it.com/deutsch/
● www.hallo.com/

  Wo liegt ...?

Wo liegt Bozen? Where is Bolzano?
Bozen liegt im Norden von Italien. Bolzano is in the North of Italy.
Salzburg liegt nordöstlich von Bozen. Salzburg lies northeast of Bolzano.
Frankfurt liegt in der Mitte von Deutschland. Frankfurt is in the middle of Germany.

Kiel liegt am Meer. Kiel is by the sea.
Bozen liegt in den Bergen. Bolzano is in the mountains.
Mainz liegt am Rhein. Mainz is on the River Rhine.
Konstanz liegt am Bodensee. Constance is on Lake Constance.
Rügen ist eine Insel in der Ostsee. Rügen is an island in the Baltic.

im Norden / nördlich von [N]
im Westen / westlich von [W]
im Osten / östlich von [O]
im Süden / südlich von [S]

6 **Sag was! Himmelsrichtungen**

Sieh dir die Karte von Südtirol auf Seite 71 an. Mache ganze Sätze.

> *Beispiel*   Bozen – Bruneck   *Wo liegt Bozen?*
> **Bozen liegt südwestlich von Bruneck.**

1 Bozen – Sterzing   Wo liegt Bozen?   Bozen liegt …?
2 Meran – Schlanders   Wo liegt …?
3 Bozen – Neumarkt
4 Bruneck – Sterzing
5 Meran – Sterzing
6 Meran – Brixen

7 **Schreib was! Wo liegt … ?**

Sieh dir die Postkarten an. Was passt zusammen?

1 Helgoland   **a)** liegt am Rhein.
2 Köln   **b)** liegt am Meer.
3 Meran   **c)** ist eine Insel.
4 Schleswig-Holstein   **d)** liegt in den Bergen.

Grüße aus dem schönen Schleswig-Holstein

Köln

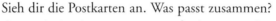

Meran – Merano

8 **Wo wohnt Jan? Wo wohnt Lisa?**

Jan und Lisa beschreiben ihre Heimat. Sieh dir die
Postkarten oben an und hör zu. Wo wohnen sie?

Jan [   ]   Lisa [   ]

a Helgoland   **b** Köln
c Meran   **d** Schleswig-Holstein

9 **Berge, Meer, Fluss, Insel?**

Seht euch eine Karte von den deutschsprachigen Ländern
an. Findet …

a … drei Städte in den Bergen.
b … drei Städte am Meer.
c … drei Städte an einem Fluss.
d … drei Inseln.

Wo liegen diese Städte und Inseln?

Vokabeltipp Sehenswürdigkeiten

Was für Sehenswürdigkeiten gibt es?   What sort of sights are there?
In meiner Stadt gibt es …

einen Dom (m.)	a cathedral	*ein Rathaus (n.)*	a town hall
ein Schloss (n.)	a castle	*ein Museum (n.)*	a museum
einen Marktplatz (m.)	a market square		
einen Strand (m.)	a beach		
einen Zoo (m.)	a zoo		
einen Flughafen (m.)	an airport		
ein Theater (n.)	a theatre		
ein Sportzentrum (n.)	a sports centre		
ein Freibad (n.)	an open-air swimming pool		
ein Schwimmbad (n.)	a swimming pool		

> **Pass auf!**
>
> **Es gibt** is followed by the accusative. It is the equivalent to "there is" or "there are" in German.
>
> **eg.** **Es gibt** viel zu tun in Köln.
> **Es gibt** ein**en** Flughafen in Stuttgart.
> **Es gibt** viele Museen in der Stadtmitte.

FREIZEITANGEBOT

Was kann man in deiner Stadt machen?   What can you do in your town?
In … kann man schwimmen und reiten.   In … you can go swimming and riding.
Wie gefällt dir deine Stadt?   How do you like your town?

10 Fragebogen! Das Freizeitangebot in unserer Gegend

Wie gut ist das Freizeitangebot in deiner Gegend? Kreuze an.

1 Ich wohne ☐ in einem Dorf ☐ in einer Kleinstadt ☐ in einer Großstadt.
2 Das Freizeitangebot hier ist ☐ sehr gut ☐ gut ☐ schlecht.
3 Diese Dinge gibt es in meinem Dorf / meiner Stadt / in der Nähe ☑ bei uns nicht ☒.

A einen Bahnhof ☐	H einen Bücherei ☐	O einen Fluss ☐
B einen Flughafen ☐	I ein Schwimmbad ☐	P einen Strand ☐
C ein Kino ☐	J ein Sportzentrum ☐	Q einen Supermarkt ☐
D ein Theater ☐	K ein Schloss ☐	R eine Post ☐
E ein Museum ☐	L einen Zoo ☐	S andere Geschäfte ☐
F eine Diskothek ☐	M einen Park ☐	
G ein Café ☐	N Berge ☐	

4 Was fehlt dir in deiner Gegend?

11 Hör zu! Was kann man in Mülheim machen?

Was gibt es in Mülheim? Schreibe die richtigen Buchstaben.
Es gibt in Mülheim: ☐ ☐ ☐

12 **Lies was! Willkommen in Bozen**

Bozen liegt zwischen Nord und Süd, dem Mittelmeer und der Nordsee. Es ist mit Auto, Bahn und Flugzeug einfach zu erreichen.

In Bozen gibt es viel Natur. Ein Drittel der Stadt ist mit Rebanlagen bepflanzt. Wein in Rebanlagen, Zypressen, Ölweiden und sogar Palmen wachsen im Tal.

Bozen hat eine jahrhundertealte Geschichte. Südtirol ist das Land der Burgen und Schlösser. Drei der schönsten stehen in Bozen: Runkelstein, Schloss Maretsch und Sigmundskron. In 13. Jahrhundert bauten die Freiherren von Wangen die erste Burg Runkelstein. Die weltberühmten Fresken von Tristan und Isolde, Riesen und Zwergen entstanden am Ende des 14. Jahrhunderts. Ab dem 20. April gibt es täglich außer Montag auf Runkelstein Führungen.

Bozen war die Stadt, durch die jeder Künstler fahren musste, wenn er nach oder von Italien reiste. Heute ist Bozen eine moderne europäische Stadt! Deutsch und Italienisch werden hier gesprochen, Englisch gibt es selbstverständlich auch.

Erste Hilfe

das Mittelmeer	the Mediterranean	die Burg	castle
die Nordsee	the North Sea	die Freske	fresco
einfach	easy	weltberühmt	world famous
gut ein Drittel	a good third	der Riese	giant
die Rebanlage	vineyard	der Zwerg	dwarf
die Zypresse	cypress tree	entstehen	originate (from)
die Ölweiden	olive groves	täglich	daily
die Palme	palm tree	außer	except
im Tal	in the valley	die Führung	guided tour
der Freiherr	baron	der Künstler	artist

13 **Schreib was! Wilkommen in Bozen**

A Finde im Text:
1 a third of the town
2 palms grow in the valley
3 the world famous frescoes
4 a modern European town
5 German and Italian are spoken here.

B Beantworte die Fragen auf Deutsch.
1 Wo liegt Bozen?
2 Wie kann man Bozen erreichen?
3 Was für Pflanzen wachsen in Bozen?
4 Wie viele Burgen und Schlösser gibt es in Bozen?
5 Wer erbaute die erste Burg Runkelstein?
6 Wann gibt es Führungen?
7 Wie ist Bozen heute?
8 Welche Sprachen werden in Bozen gesprochen?

S p r a c h t i p p

Der See oder die See?

der See   the lake

die See / das Meer   the sea

eg. der Genfer See – Lake Geneva

die Nordsee – the North Sea

das Mittelmeer – the Mediterranean Sea

---

14   **Lies was! Südtiroler Archäologiemuseum, Bozen**

Der „Ötzi"

5.300 Jahre alt und kein bisschen müde! Der Mann aus dem Eis, bekannt als Ötzi, bringt täglich hunderte von Besuchern aus aller Welt nach Bozen. Er ist im Südtiroler Archäologiemuseum zu sehen.

Der „Mann aus dem Eis" gehört zu den ältesten Mumien der Welt. Im Jahr 1991 wurde er zufällig in dem Schnalstaler Gletscher gefunden: mit seiner Kleidung und Ausrüstung, gefroren – eine archäologische Sensation!

Der „Mann aus dem Eis" gibt uns einen bisher nicht bekannten Einblick in das Alltagsleben eines Alpenbewohners aus der Steinzeit.

Das Eis hat die Kleidung Ötzis konserviert. Die Bekleidung besteht aus Mütze, Fellmantel, Grasmantel, Beinkleidung, Gürtel, Lendenschurz und einem Paar Schuhe.

Erste Hilfe

der Gletscher	glacier
zufällig	by chance
die Ausrüstung	equipment
gefroren	frozen
die Mumie	mummy
die Steinzeit	Stone Age
die Mütze	cap
der Fellmantel	fur coat
der Grasmantel	coat made of grass
die Beinkleidung	trousers
der Gürtel	belt
der Lendenschurz	loincloth

---

15   **Partnerarbeit: Beantworte auf Englisch**

1   How long had the man been under the ice?

2   When was he found?

3   What was found with him?

4   Describe the man's clothing.

5   Why do you think the find was such an archaeological sensation?

Vokabeltipp   **Wie weit?**

Wie weit ist	*dein Zuhause von der Schule*	*entfernt?*	How far is … from …?	
	Bozen von Salzburg			
Es ist	*10 Minuten von … entfernt.*	*It is*	10 minutes away from ….	
	2 Kilometer von … entfernt.		2 km.	

Es ist nah.   It is near.

Es ist weit enfernt.   It is far away.

Bremen liegt in der Nähe von Hamburg.   Bremen is near Hamburg.

> **Pass auf!**
>
> Nach **von** brauchst du den Dativ!
>
> **eg.** die Schule → von der Schule

---

16   **Sag was! Wie weit ist es entfernt?**

Arbeite mit einem Partner. Mache Fragen und Antworten.

Beispiel   die Disko?

A   *Wie weit ist dein Zuhause von **der Disko** entfernt?*

B   *Mein Zuhause ist **5 Kilometer von der Disko** entfernt.*

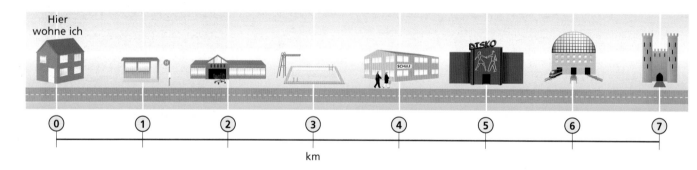

1 der Bahnhof?	**3** der Supermarkt?	**5** die Bushaltestelle?
2 das Schwimmbad?	**4** das Schloss	**6** die Schule?

---

17   **Wie weit von der Schule?**

- Nehmt eine Karte von eurer Stadt oder Gegend (*area*).
- Fragt eure Freunde: „Wo wohnst du? Wie weit wohnst du von der Schule entfernt?"
- Markiert das Ergebnis (*the result*) auf der Karte. Ihr könnt zum Beispiel Fäden (*thread*) und Stecknadeln (*pins*) nehmen.
- Wer wohnt am weitesten von der Schule entfernt? Wer wohnt am nächsten?

18   **Hör zu! Wie weit?**

Daniela ist auf dem Campingplatz. Sie will wissen, wie weit es ist.

Was passt zusammen?

a)   1 Stunde

b)   15 Kilometer

c)   10 Minuten

d)   30 Minuten

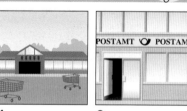

1   **2**

3   **4**

19 | **Quiz: Wo in Europa sind wir?**

Quiz

A Diese große Stadt liegt im Osten von Österreich an der Donau. Es ist die Hauptstadt von Österreich. Dort gibt es den Stephansdom, das Schloss Schönbrunn und viele Museen.

B Diese nordschweizer Stadt liegt in der Nähe der Berge, an einem See. Es gibt viele alte Kirchen und Museen.

C Diese Stadt liegt im Norden der Niederlande. Sie liegt in der Nähe vom Meer, an der Nordsee. Es gibt dort viele Kanäle, Museen, z.B. das Rembrandtmuseum und interessante Häuser. Man kann dort sehr gut einkaufen.

D Diese Insel liegt im Mittelmeer. Sie gehört zu Griechenland. Die größte Stadt auf dieser Insel heißt Heraklion. Es gibt dort viele schöne Strände und interessante Museen, aber auch gute Diskos und Nachtclubs.

Kreta

Amsterdam

Zürich

Wien

20　**Lies was! Jugendherberge Dachsen ZH**

Unterkunft:
Je 1 Dreier- und Sechserzimmer
6 Massenlager 8, 10, 12, 14, 15, 19 Plätzen
Insgesamt 87 Betten.
Duschen und WCs auf der Etage

Preise
Richtpreis pro Person und Nacht im
Mehrbettzimmer mit Frühstück:
Hauptsaison CHF 22.

Geschlossen
01.01.- 16.03. / 12.11.- 31.12.

Das historische Schloss Laufen ist der nördlichste
Punkt des Kanton Zürich. 5 km von Schaffhausen
entfernt, direkt am Rheinfall. Die Schlafräume sind
im originalgetreuen Nebentrakt der Jugendherberge.

Museum zu Allerheiligen, Gipsmuseum Schleitheim,
Rheinfall, Munot.

Das Weinland mit seinen Rebbergen. Hallen für neue
Kunst, Schifffahrt auf dem Untersee und den Rhein
entlang.

Erste Hilfe

der nördlichste Punkt	northernmost point
Kanton	(Swiss) canton
Nebentrakt	annexe
Rebberge	vineyards
den Rhein entlang	along the Rhine
Unterkunft	accommodation
insgesamt	in total
die Etage	floor
Richtpreis	recommended price
Hauptsaison	high season

21　**Schreib was!**

Beantworte auf Englisch

1　Where exactly is the youth hostel situated?

2　Where are the dormitories?

3　Name two things you could go and see.

4　What is the maximum number of beds per room?

5　How many beds are there in total?

6　What will you find on each floor?

7　How much would you have to pay per person for bed and breakfast in high
　season?

8　A friend is thinking of staying at the youth hostel on 24.12. What would you
　tell him?

Grammatik

Die Zukunft

We have already met three tenses – the present tense for referring to the present time, and the imperfect and perfect tenses for referring to the past – and we still have to find out about how we can talk and write about things that are going to happen in the future.

We will find out how to form the future tense in Chapter 6, but for the moment we are going to concentrate on how we can talk about things in the future simply by using the present tense.

We can do a similar thing in English by using an expression or word which makes it clear that we are talking about something that is going to happen:

eg. **Morgen** gehe ich ins Kino. *I'm going to the cinema tomorrow.*
Morgen scheint die Sonne. *The sun will shine tomorrow.*
Übermorgen regnet es. *It will rain the day after tomorrow.*

Here are some other expressions which enable us to talk about the future using the present tense:

am Vormittag	*in the morning*
am Morgen	*in the morning*
am Nachmittag	*in the afternoon*
am Abend	*in the evening*
Im Laufe des Tages	*during the afternoon*
heute	*today*
morgen	*tomorrow*
übermorgen	*the day after tomorrow*

Pass auf!

Don't be tempted to use the German word **will** when you want to express the future or the future tense. It means "wants to" and comes from the verb **wollen**, and therefore means something completely different!

Vokabeltipp Das Wetter

Das Wetter ist gut / schlecht.

Die Sonne scheint. Es ist warm.

Es ist bewölkt.

Es gibt ein Gewitter.

Es donnert und blitzt.

Es regnet.

Es ist nebelig.

Es ist windig.

Es schneit. Es ist kalt.

Es ist 20 Grad warm.

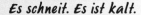

Das Wetter

Hier kannst du sehen, wie das Wetter ist:
- w w w . w e t t e r . d e /
- w w w . w e t t e r . c h /
- w w w . w e t t e r . c o m /
- w w w . d o n n e r w e t t e r . d e /

Grammatik

Impersonal verbs

Some verbs are impersonal which means that the subject of the verb is **es** instead of a particular person. Some impersonal verbs are to do with the weather:

regnen *(to rain)*	**es regnet**	*it's raining*
schneien *(to snow)*	**es schneit**	*it's snowing*
hageln *(to hail)*	**es hagelt**	*it's hailing*
donnern *(to thunder)*	**es donnert**	*it's thundering*
blitzen *(to flash – lightning)*	**es blitzt**	*there is a flash of lightning*

We have also met some other impersonal verbs:

Leid tun *(to be sorry)*	**Es tut mir Leid.**	*I'm sorry.*
gefallen *(to like / appeal to)*	**Es gefällt mir.**	*I like it / it appeals to me.*
schmecken *(to taste)*	**Es schmeckt mir gut.**	*It tastes good to me.*
gehören *(to belong to)*	**Es gehört mir.**	*It belongs to me.*

Also:

Wie geht's dir? *How are you?*	**Mir geht's gut.**	*I'm fine.*
	Mir ist kalt.	*I'm cold.*
	Mir ist warm.	*I'm warm.*

22 **Lies was! Das Wetter**

Tagesbericht

Am Vormittag scheint noch die Sonne. Im Lauf des Nachmittags kommt von Westen her eine Gewitterfront, die vielleicht von kräftigen Regenschauern begleitet wird.

A **B** **C** **D** **E**

Finde die richtigen Bilder und schreibe die Buchstaben.

Am Vormittag: ☐

Am Nachmittag: ☐

23 Sag was! 3-Tages-Prognose

Heute	Samstag	Sonntag
26°	25°	29°

Wie ist das Wetter heute, morgen und übermorgen?

Beispiel   *Heute scheint die Sonne. Es gibt ein Gewitter. Es ist 26 Grad warm.*

24 Hör zu! Ein Anruf aus dem Urlaub

Julian ist im Urlaub in Bozen. Er telefoniert mit seiner Oma in Weimar.
Beantworte die Fragen auf Deutsch.

1 Was hat Julian in Tirol gemacht? (Nenne mindestens zwei Beispiele.)
2 Wie ist das Wetter in Bozen?
3 Wie ist das Wetter in Weimar?

Aussagesätze

Wie heißt das auf Deutsch?

Excuse me, please.
I am lost (in a car) / (on foot).
Where is the station?
How do I get to the station?

Go straight on.
Turn right / left / back here.
Take the first street on the left.
Go to the end of the road.
Go over the bridge / the crossing.
Go past the station.
Go up to the park.
The station is on the right-hand side.

It is 10 minutes away from the town centre.
It is near / far away.

The weather is good / bad.
The sun is shining.

It is warm / cloudy / stormy / raining / foggy / windy / snowing / cold.
It is 20 degrees.

Wie heißt das auf Englisch?

im Norden / Osten / Süden / Westen
Wo liegt Bozen?
Bozen liegt im Norden von Italien.
Salzburg liegt nordöstlich von Bozen.
Frankfurt liegt in der Mitte von Deutschland.
Kiel liegt am Meer.
Bozen liegt in den Bergen.
Konstanz liegt am Bodensee.
Rügen ist eine Insel in der Ostsee.

Was für Sehenswürdigkeiten gibt es?
In meiner Stadt gibt es einen Dom.

Einheit A | Wie kommen wir hin?

Lernziele

In Unit 5A you will learn how to
- *make travel arrangements*
- *ask about times of trains / buses etc.*
- *say how you are travelling*

---

1 **Lies den Cartoon und hör zu! Auf dem Weg zur Probe**

Erste Hilfe

in der Schuldisko	to perform at the school disco
spielen	nervous
nervös	to practise
proben	broken
kaputt	We made it!
Geschafft!	

2 Finde im Cartoon

- go by underground train
- go by bike
- ticket window
- drive a car
- (bus / tram / underground) stop

3 Sag was! Fragen zum Cartoon

Beantworte die Fragen auf Deutsch.

1 Wann spielt die Anstoß-Band auf der Schuldisko?

2 Wer ist nervös?

3 Was macht die Band heute?

4 Wie fahren Pia, Pommes, David und Yasemin?

5 Wie fahren Laura und Matthias?

6 Wie viel kosten die Fahrkarten?

7 Wann fährt die U-Bahn ab?

8 Wo hat Pommes seine Gitarre vergessen? Kannst du sie finden?

Grammatik

Prepositions

We have already learned that prepositions are small words which often tell us about the **_position_** of people or things or the **_relationship_** between them.

Remember that prepositions decide the case of the noun that follows them.

A   Dative

The easiest group of prepositions are those that are always followed by the dative case. They are:

aus (*out of*), **außer** (*except*), **bei** (*at the house of*), **mit** (*with*), **nach** (*after*), **seit** (*since*), **von** (*from, by*), **zu** (*to, at*), **gegenüber von** (*opposite*).

eg.   Er fährt **mit dem** Bus in die Stadt. (masculine)

Müssen wir **mit der** U-Bahn fahren? (feminine)

Laura und Matthias fahren **mit dem** Fahrrad. (neuter)

Ich wohne noch **bei meinen** Eltern. (plural)

Remember that the ending of the word before the noun is dative:

Masculine	Feminine	Neuter	Plural
dem	der	dem	den
einem	einer	einem	keinen

B   Accusative

Another group of prepositions are always followed by the accusative case. They are:

bis (*until*), **durch** (*through*), **entlang** (*along*), **für** (*for*), **gegen** (*against*), **ohne** (*without*), **um** (*round*).

eg.   Wir sitzen **um den** Tisch. (masculine)

Der Junge läuft **die** Straße **entlang**. (feminine)

Sie sind **ohne ihr** Auto gekommen. (neuter)

Wir kaufen Fahrkarten **für unsere** Kinder. (plural)

> **Pass auf!**
>
> The preposition **entlang** can have the noun either after it or before it. Usually it comes after!

After these prepositions you will see that the word before the noun has an accusative ending:

Masculine	Feminine	Neuter	Plural
den	die	das	die
einen	eine	ein	keine

C   Accusative or Dative

The other group of prepositions are more difficult and can be followed <u>EITHER</u> by the <u>accusative case</u> <u>OR</u> by the <u>dative case</u>:
We do not have a free choice as to whether we use the accusative or the dative case. The rule is:

- if the preposition describes <u>position</u> – use the <u>dative</u>
- if the preposition describes <u>movement</u> from one place to another – use the <u>accusative</u>

e.g. Er wartet **hinter dem** Bahnhof. (masculine, dative)

Sie laufen **hinter einen** Wagen. (masculine, accusative)

Wir können **in der** Schule proben. (feminine, dative)

Wir gehen **in die** Stadt. (feminine, accusative)

Sie bleibt **in dem** Haus. (neuter, dative)

Ich steige **auf mein** Rad. (neuter, accusative)

Unsere Band darf **auf der** Schuldisko spielen. (feminine, dative)

Das Foto steht **zwischen** den Büchern. (plural, dative)

Sie laufen **zwischen die** Bäume im Park. (plural, accusative)

Shortened forms: Remember! We can also sometimes shorten the preposition and the word for "the" which follows it by "squashing" them together to make one word:

beim = bei dem   **von dem = vom**   **zum = zu dem**

zur = zu der   **ans = an das**   **am = an dem**

ins = in das   **im = in dem**

Übung   Fülle die Lücken aus! (Akkusativ oder Dativ?)

1 Wir holen euch v_____ Bahnhof ab.
2 Ich gehe in d_____ Schule.
3 Das ist für mei_____ Mutter.
4 Fährst du mit dies_____ Bus?
5 Pia ist i_____ Keller.
6 Treffen wir uns vor d_____ Kino.
7 Erich ist bei_____ Arzt.
8 Sie läuft durch d_____ Straßen.
9 Der Zoo liegt hinter d_____ Park.
10 Sie müssen mit d_____ Bus fahren.

4   Lied: Präpositionen-Rap

1
Mit dem Dativ – dem D-D-D-D-Dativ.
Mit dem Dativ – dem D-D-D-D-Dativ:
Aus – bei – mit – nach – seit – von – zu,
außer – gegenüber.
Aus – bei – mit – nach – seit – von – zu,
außer – gegenüber.

2
Für den Akkusativ – den Ak-Ak-Ak-Akkusativ.
Für den Akkusativ – den Ak-Ak-Ak-Akkusativ.
Ohne – gegen – durch - entlang,
für – bis – um – wider.
Ohne – gegen – durch - entlang,
für – bis – um – wider.

3
Das steht vor dem Dativ – vor dem Dativ, auf dem Platz;
Das kommt auch vor den Akkusativ – Akkusativ ist Bewegung.
An – auf – unter – über – neben,
zwischen, hinter, vor und in.
An – auf – unter – über – neben,
zwischen, hinter, vor und in.

Vokabeltipp Verkehrsmittel

Wie kommst / fährst du	*zur Schule? / zur Arbeit? / in den Urlaub? / nach Hause?*
How do you travel	to school? / to work? / to your holiday destination? / home?

5 Gruppenarbeit: Was passt zusammen?

Beispiel **1 C**

1 Ich fahre mit dem Auto.

2 Ich fahre mit dem Bus.

3 Ich fahre mit dem Fahrrad. / Ich fahre Rad.

4 Ich fliege (mit dem Flugzeug).

5 Ich gehe zu Fuß.

6 Ich fahre mit dem Schiff.

7 Ich fahre mit der Straßenbahn. Ich fahre mit der Tram.

8 Ich fahre mit der U-Bahn.

9 Ich fahre mit dem Zug.

10 Ich fahre mit dem Motorrad / Mofa.

Pass auf!

mit + Dativ

6 Gruppenarbeit: Verkehrsmittel

a Was passt zu den Adjektiven? Benutze die Wörter im Kästchen und mache eine Liste.

teuer	billig	schnell	langsam	gesund	ungesund	bequem	unbequem	umweltfreundlich
Flugzeuge								

b Mache Sätze.

Beispiel   *Flugzeuge sind teuer.*

c Vergleiche.

Beispiel   *Flugzeuge sind teurer als ...*

> Autos   Busse   Fahrräder   Flugzeuge
> zu Fuß gehen   Schiffe   Straßenbahnen
> U-Bahnen   Züge   Motorräder

Erste Hilfe

umweltfreundlich   environmentally friendly

Lerntipp   Negative Adjektive

> **Pass auf!**
> Nicht alle Adjektive können die Vorsilbe **un-** bekommen.

Eine **Vorsilbe** ist ein Teil des Wortes, das vor das Wort kommt. Mit Vorsilben kannst du Wörter verändern.

Die Vorsilbe **un-** macht Wörter negativ.

Beispiel
bequem – **un**bequem   comfortable – uncomfortable
gesund – **un**gesund   healthy – unhealthy, not healthy

Mache diese Adjektive negativ: freundlich, gut, schön, möglich, sauber, ruhig, interessant.

Sieh im Wörterbuch nach. Gibt es noch andere negative Wörter mit **un-**, die du kennst?

S p r a c h t i p p

Adverbien

Adverbs describe how, when or where things are done.

In English we often just add "-ly" to the end of an adjective to form the adverb:
quick – quickly   *foolish – foolishly*

> **Pass auf!**
> Adverbs never add endings! Adverbs describe actions, times or places. They do not describe nouns and therefore do not add endings like adjectives.

In German things are much easier, because we use the adjective as an adverb:
slow – **langsam**   *slowly* – **langsam**
good – **gut**   *well* – **gut**

If we want to compare one action with another, we can do so simply by adding **-er** to the adverb:
schneller – *more quickly*   **langsamer** – *more slowly*

Gut is more awkward, but very much like the English – which makes it quite easy to remember:
gut – *good*   **besser** – *better*

Gern is an adverb that we have met, which helps us to say what we like doing:
eg. Ich **spiele gern** Tennis.   *I like playing tennis.*
We can say that we "prefer" doing something by using **lieber**:
eg. Ich **spiele gern** Tennis, aber ich **spiele lieber** Fußball.
We can say what we "like doing best of all" by using **am liebsten**:
eg. Ich **spiele gern** Tennis, ich **spiele lieber** Fußball, aber **am liebsten spiele** ich Golf.

JEDEN TAG IM STAU?

MIT BUSSEN UND BAHNEN SIND SIE SCHNELLER!
Nahverkehr – die schnelle Alternative.

7   Lies was! Werbung

Beantworte die Fragen auf Englisch.

1   What alternative form of transport does this advertisement suggest you could take to avoid a traffic jam?

2   Why would it be better to take this alternative form of transport?

Kulturtipp **Der öffentliche Nahverkehr**

Mit Bussen, Straßenbahnen und U-Bahnen kann man kurze Strecken fahren. Das ist der öffentliche Nahverkehr. Fahrkarten für den Nahverkehr muss man oft vor der Fahrt kaufen. Es gibt Automaten an den Haltestellen. Man kann auch am Bahnhof und im Zeitungsladen Fahrkarten kaufen. Die Fahrt ist billiger, wenn man eine Mehrfahrtenkarte kauft. Im Bus oder in der Bahn ist eine Maschine. Hier muss man seine Fahrkarte entwerten oder „abstempeln". Wenn man das nicht tut, muss man eine Strafe bezahlen!

Erste Hilfe

kurze Strecken	short distances
der Automat	ticket machine
der Zeitungsladen	newsagent
Mehrfahrtenkarte	multi-ride ticket
entwerten, abstempeln	to validate
die Strafe	fine

Aussprache

Das kurze e oder das lange e?

The short e or the long e?

- You will often find the short e- in the middle or at the start of a syllable (consonant, e, consonant). The short e- in German is like the English short e: essen, Umwelt, streng = environment, every

- The long e is a bit different. It is often used in front of h (eh), or with another e: "ee" or at the end of an open syllable (consonant + e).

- The long e- in German is like the English ey sound: sehen, Meer, leben = they, grey

Hör gut zu und wiederhole!

Vor h: sehen, gehen, stehen, nehmen, Verkehr, mehr, sehr.

Als ee: Meer, See, Tee

Am Ende einer offenen Silbe: gegenüber, leben, geben, legen

 **Kulturtipp** **Nummernschilder**

Der erste Buchstabe auf einem deutschen, schweizerischen oder österreichischen Nummernschild sagt dir, woher das Fahrzeug kommt.
In Deutschland steht MZ für Mainz, und B für Berlin.
In der Schweiz steht ZH für Zürich.
In Österreich steht W für Wien, aber in Deutschland steht W für Wuppertal.

Woher kommen diese Autos?

MZ-XY123	B-BH29

8 **Sag was! Umfrage**

Kopiere den Fragebogen und frage deine Freunde:

1 Wie kommst du zur Schule? _____
2 Wie kommen deine Eltern zur Arbeit? _____
3 Wie bist du in den letzten Urlaub gefahren? _____

 **www.** **Nummernschilder**
- www.andyhoppe.com/kfz

Grammatik

Wortstellung

We have already seen that there are several ways in which German word order differs from the English.

1 The verb is normally the second "idea" in a sentence (not necessarily the second word).

e.g. Ich **bin** total nervös.

Nächste Woche **fahren** wir nach Berlin.

2 In questions, the verb comes first in the sentence – or follows the question word(s).

e.g. **Findet** ihr das nicht toll?

Wann **fährt** die nächste U-Bahn ab?

3 After the verb, the rule **Time-Manner-Place** helps us to keep other expressions in the correct order.

e.g. Ich bin <u>am Dienstag</u> <u>in den Park</u> gefahren.
     T   P

Ich bin <u>heute</u> <u>mit dem Fahrrad</u> <u>zur Schule</u> gefahren.
        T   M   P

Even if one of the expressions comes before the verb, the others must be in the correct order:

e.g. <u>Heute Morgen</u> bin ich <u>zu Fuß</u> <u>in den Supermarkt</u> gegangen.
     T   M   P

Übung   Wortstellung

Rearrange the phrases to form a sentence, remembering **verb second** and **time-manner-place**:

Beispiel   (in die Stadt) (mit dem Fahrrad)
              (jeden Samstag) (fahre) (ich)
Ich fahre jeden Samstag mit dem Fahrrad in die Stadt.

1 (morgen) (zur Schule) (fahren) (mit dem Auto) (wir)
2 (heute Abend) (wir) (nicht) (ins Kino) (gehen) (mit euch)
3 (meine Mutter) (am Montag) (bleibt) (mit Oma) (zu Hause)
4 (sie) (nächste Woche) (hoffentlich) (kommt) (nach Hause)
5 (Wann) (die Familie) (nach Deutschland) (fährt) (mit ihrem Auto)

---

9   **Hör zu! Wer? Wann? Wie? Wohin?**

Ordne die Tabelle. Mache ganze Sätze.   *Beispiel*   *Jakob ist gestern mit dem Bus in die Stadt gefahren.*

Wer?	Wann?	Wie?	Wohin?
Jakob	Dienstag	mit dem Fahrrad	in den Supermarkt
Anna	um 12 Uhr	mit dem Bus	in die Stadt
Papa	heute Morgen	zu Fuß	zu Oma
Mama	gestern	mit dem Auto	in den Park

Vokabeltipp   **Die Haltestelle**

Entschuldigung, wo ist die Haltestelle für den Bus Nummer drei?
Excuse me, where is the stop for the number three bus?

Die Haltestelle ist da vorne / gegenüber / auf der anderen Seite der Straße / um die Ecke.
The stop is over there / opposite / on the other side of the street / around the corner.

Wo fährt der Zug nach Basel ab?
Where does the train to Basle leave from?

Der Zug fährt von Gleis drei ab.
The train leaves from platform three.

Welcher Bus / welche Bahn fährt nach Rheinhausen?
Which bus / tram goes to Rheinhausen?

Nehmen Sie den Bus / die Bahn Nummer 3.
Take bus / tram number 3.

Wie komme ich am besten in die Stadtmitte?
What's the best way to get into the city centre?

Am besten gehen Sie zu Fuß.
It's best on foot.

Muss ich umsteigen?
Do I need to change (trains / buses etc)?

Sie müssen am Marktplatz umsteigen.
You have to change at the market place.

10 | **Hör zu! Welcher Bus?**

Beantworte die Fragen auf Deutsch.

1 Welcher Bus fährt nach Berlin Kreuzberg?   **3** Welcher Bus fährt zum Zoo?

2 Wo ist die Haltestelle?   **4** Wo ist die Haltestelle?

---

11 | **Lies und schreib was! Ein Busstreckenplan**

Beantworte die Fragen auf Deutsch.

1 Welcher Bus fährt nach Kleindorf?

2 Welcher Bus fährt nach Bergheim?

3 Wohin fährt der Bus Nummer B101?

4 Fährt der B109 zum Marktplatz?

5 Du bist in Bergau-Zentrum. Wie kommst du am besten nach Walding?

6 Du bist in Talhausen und möchtest zur Altstadt fahren. Wo musst du umsteigen?

7 Du bist am Hafen. Wie viele Haltestellen sind es bis zur Bahnstraße?

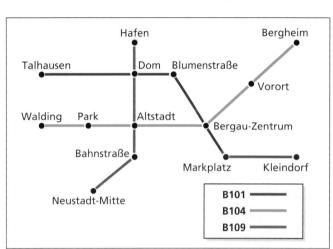

---

12 | **Partnerarbeit: Mit dem Bus in Bergau**

Arbeite mit einem Partner. Partner **A** ist in **Bergau-Zentrum** und fragt eine Frage. Partner **B** hat den Streckenplan und antwortet ihr / ihm.

Beispiel   *Hafen*

A Entschuldigung, wie komme ich am besten zum Hafen?

B Nehmen Sie den Bus Nummer B101 Richtung Talhausen. Steigen Sie am Dom um. Nehmen Sie den Bus Nummer B109 Richtung Hafen.

1 Park   **3** Marktplatz

2 Vorort   **4** Neustadt

Vokabeltipp   **Fahrkarten kaufen**

Einmal / zweimal Haltestelle Zoo, bitte.	One / two to the "Zoo" stop, please.
eine einfache Fahrt	a single journey
eine Hin- und Rückfahrt	a return journey
eine Mehrfahrtenkarte	a multiple journey ticket
eine Familienkarte	a family ticket
Was kostet eine Fahrkarte in die Stadtmitte?	How much is a ticket to the city centre?
Das kostet 59 Euro.	That's 59 euro.
Erwachsene	adults
Kinder	children

13   **Hör zu! Fahrkarten kaufen**

Was ist richtig, A, B, oder C?

1	Tobias fährt	A) allein	B) mit einem Freund	C) mit seiner Familie.
2	Tobias braucht eine Fahrkarte für	A) Kinder	B) Erwachsene	C) Senioren.
3	Tobias möchte eine	A) einfache Fahrt	B) Hin- und Rückfahrt	C) Mehrfartenkarte.
4	Er muss	A) 8,16 Euro	B) 8,60 Euro	C) 6,80 Euro bezahlen.
5	Tobias will mit	A) der U-Bahn	B) dem Bus	C) der Straßenbahn fahren.

14   **Rollenspiel: Fahrkarten kaufen**

Arbeite mit einem Partner. **A** kauft Fahrkarten. **B** verkauft die Fahrkarten.

> **Beispiel**   **A**: *2x Domplatz*   **B**: *7,40 Euro*

A   Zweimal Haltestelle Domplatz, bitte. Was kostet das?
B   Das macht sieben Euro vierzig.

1 **A**: 1x Bahnhof   **2** **A**: 4x Zoo   **3** **A**: 3x Schlossallee
     B: 2,30 Euro   **B**: 10,60 Euro   **B**: 12, 90 Euro

Vokabeltipp   **Der Fahrplan**

der Fahrplan	the timetable
die Abfahrt / die Ankunft	the departure / the arrival
Wann fährt der (nächste) Bus ab?	When does the (next) bus leave?
Der Bus fährt um 9 Uhr 22 ab.	The bus leaves at 09.22.
Wann kommt der Zug an?	When does the train arrive?
Der Zug kommt um 9 Uhr 56 an.	The train arrives at 09.56.
Fährt das Schiff sonntags / werktags / am Wochenende / an Feiertagen?	Does the ship go on Sundays / weekdays / weekends / Bank holidays?
Wie lange dauert die Reise?	How long does the journey take?

Stadtmitte
U-Bahn
15   Disko
10.30 Uhr   50
viertel vor elf
viertel nach elf
Straßenbahn
11.30 Uhr

15   **Hör zu! Die Fahrplanauskunft**

Fülle die Lücken aus! Pass auf! Es sind mehr Wörter im Kästchen als du brauchst.

Amma möchte mit der _____(1)_____ in die _____(2)_____ fahren.
Es ist _____(3)_____ Uhr.
Die nächste Bahn fährt um _____(4)_____ ab.
Amma muss also noch _____(5)_____ Minuten warten.

16 Lies was und schreib was! Der Straßenbahnfahrplan

Erste Hilfe
stündlich   hourly

Haltestelle Stadtmitte

901 Richtung Stadion

Montags – Samstags

| 06.12 | 06.32 | 06.52 | -> alle 20 Minuten bis | 20.32 | 21.32 | 22.32 | 23.32 | 00.15 |

Sonn- und Feiertags*

| 08.12 | 08.42 | 09.12 | -> alle 30 Minuten bis | 17.12 | -> stündlich bis | 22.12 |

*außer am 25.12. und 01.01.

901 Richtung Bahnhof

Montags – Samstags*

| 06.10 | 06.30 | 06.50 | -> alle 20 Minuten bis | 23.10 |

Sonn- und Feiertags*

| 08.00 | 08.30 | 09.00 | -> alle 30 Minuten bis | 22.00 |

*außer am 25.12. und 01.01.

912 Richtung Zoo*

Montags – Freitags

| 05.50 | 06.05 | 06.20 | 06.25 | -> alle 15 Minuten bis | 09.50 |
| 15.35 | 15.50 | 16.05 | 16.20 | -> alle 15 Minuten bis | 19.50 |

*Fährt nicht am Wochenende und an Feiertagen

Wann fährt die nächste Straßenbahn?

Beantworte die Fragen auf Deutsch.

> **Beispiel** Welche Straßenbahn fährt nicht am Samstag? **912**

1 Welche Straßenbahn fahren nicht am ersten Januar?

2 Es ist Mittwoch um 8 Uhr 45. Du willst zum Stadion. Wann fährt die nächste Straßenbahn?

3 Es ist Freitagnachmittag um 16 Uhr. Du möchtest zum Zoo fahren. Welche Straßenbahn kannst du nehmen? Wann kannst du fahren?

4 Es ist Samstagabend um 23 Uhr. Welche Linie fährt zum Bahnhof? Wann fährt die nächste Straßenbahn ab?

5 Es ist Sonntagmittag. Du willst zum Bahnhof. Wie lange musst du maximal auf die Bahn warten?

6 Heute Abend gibt es ein Konzert im Stadion. Wie kommst du dorthin?

17 Rollenspiel: Die nächste Bahn

Arbeite mit einem Partner. Benutze den Fahrplan oben und die aktuelle Uhrzeit.

a You want to know when the next tram goes to the zoo.

b You tell your partner, when and with which tram he /she can go.

18 ### Schreib was! Wie komme ich dahin?

Your German friend meets you at school and asks you some questions. Remember to write full sentences and to answer all the questions!

- Welcher Bus fährt zur Schule?
- Wo ist die Haltestelle?
- Wie oft fährt der Bus?
- Wie viel kostet es?
- Wo steige ich aus?

19 ### Hörspiel: Probleme in der U-Bahn

Richtig oder falsch?

1 Der Kontrolleur will die Ausweise sehen.

2 Man muss die Fahrkarten entwerten.

3 Pommes' Fahrkarte ist nicht gültig.

4 Pommes muss keine Strafe bezahlen.

5 Pommes hat viel Geld.

6 Pommes ist glücklich.

Erste Hilfe

der Kontrolleur	ticket inspector
gültig	valid
der Fahrausweis	ticket
die Strafe	fine

 www.

Fahrpläne

🚌 Nahverkehrsverbindungen:
- http://www.rmv.de   für Frankfurt
- http://www.zvv.ch   für Zürich
- http://www.vor.at/   für Wien

Einheit B **Die Umwelt**

Lernziele

In Unit 5B you will learn how to
● *talk about what causes pollution of the environment*
● *say what is good / bad for the environment*
● *say what you do to protect the environment*

---

1 **Lies den Cartoon und hör zu! So ein Dreck!**

Schrecklich, diese Abgase!

Man sollte mehr mit dem Fahrrad fahren.

Zum Glück war deine Gitarre am Fahrkartenschalter

Mensch, so ein Dreck!

In der Pause gibt es immer viel Müll.

Das ist schlecht für die Umwelt!

Man sollte hier abends das Licht ausmachen.

Und die Heizung. Das ist Energieverschwendung!

Unsere Schule ist nicht umweltfreundlich.

Wir sollten was dagegen tun! Aber was?

Wir können ein Lied über die Umwelt schreiben …

… und auf der Disko spielen!

Super Idee!!!

Erste Hilfe	
die Abgase	exhaust fumes
verbieten	to prohibit
so ein Dreck	what a mess
der Müll	rubbish
die Energieverschwendung	waste of energy
umweltfreundlich	environmentally friendly
sollte(n)	should
etwas dagegen tun	to do something about it

2 **Finde im Cartoon**

- Terrible, these exhaust fumes!
- People should go by bike more.
- That's bad for the environment.
- Our school is not environmentally friendly.
- Great idea!

3 **Sag was! Fragen zum Cartoon**

Beantworte die Fragen auf Englisch.

1 What environmental problem are the friends commenting on in picture 1?
2 What do the friends notice in the school that is bad for the environment?
3 How is the school wasting energy?
4 What action do they decide to take?

Vokabeltipp **Die Umwelt**

Das ist gut / schlecht für die Umwelt.	That's good / bad for the environment.
Das ist (nicht) umweltfreundlich.	That's (not) environmentally friendly.

Es gibt zu viel	*Müll*	rubbish
There is too much	*Verkehr*	traffic
	Energieverschwendung	waste of energy
	Industrie	industry
	Umweltverschmutzung.	pollution.

Man sollte	*Müll recyceln*	recycle the waste
One should	*weniger Auto fahren*	drive less
We should	*Energie sparen*	conserve energy
	die Umwelt schützen	protect the environment
	die Natur schützen	protect nature
	umweltfreundliche Produkte kaufen.	buy environmentally friendly products.

4 **Gruppenarbeit: Umweltfreundlich oder nicht?**

Was ist umweltfreundlich, was nicht? Mache eine Tabelle. Finde mehr Beispiele.

👍	👎
Fahrrad fahren	Auto fahren
…	…

5 Lies was! Energiebewusst leben

Die Energieverwendung im Haushalt

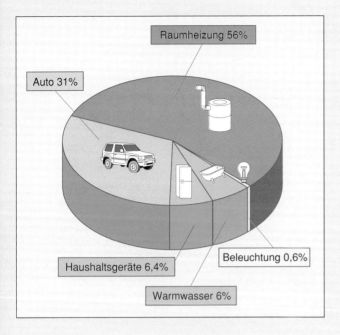

Raumheizung 56%

Auto 31%

Haushaltsgeräte 6,4%

Beleuchtung 0,6%

Warmwasser 6%

Energiegewinne und Verluste

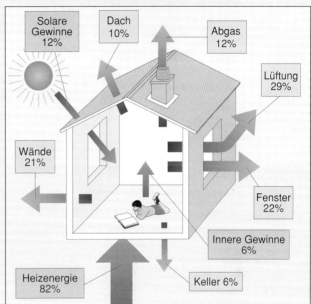

Solare Gewinne 12%

Dach 10%

Abgas 12%

Lüftung 29%

Wände 21%

Fenster 22%

Innere Gewinne 6%

Heizenergie 82%

Keller 6%

Beantworte die Fragen auf Englisch.

a) What percentage of energy does the heating take up?

b) What percentage of energy is taken up by household equipment?

c) What takes up 0.6% of the energy?

d) What takes up 6% of the energy?

a) Wo gibt es Energieverluste? (4 Beispiele)

b) Wo findet man Energiegewinne? (2 Beispiele)

6 Schreib was! Wo liegt die Energieverwendung im Haushalt?

Beispiel

Der Heizungsverbrauch liegt bei etwa 56 Prozent des Energiebedarfs im Haushalt.

Haushaltsgeräte liegen bei 6,4% des Energiebedarfs im Haushalt.

a Autos

b Beleuchtung

c Warmwasser

7 **Lies was! Umweltgerechte Arbeitsmittel in der Schule**

Jährlich wandern viele Tonnen unbenutzten Papier (nicht voll geschriebene Hefte, Blöcke ...) in den Müll. Hier sind einige ökologische Arbeitsmittel für die Schule:

 Papierprodukte

Verwenden Sie Papier sparsam. Kaufen Sie lieber Recyclingpapier und Umweltschutzpapier (UWS). Beide Papiere sind grau.

- Hefte, Blöcke und Zeichenpapier aus Umweltschutzpapier verwenden
- Papier für Kopiergerät und Drucker in Recyclingqualität einkaufen
- Bedrucken Sie Papier nach Möglichkeit beidseitig.

 Stifte

Filzstifte, Kugelschreiber, Tintenkiller und Flüssigtextmarker enthalten giftige Lösungsmittel.

- Verzicht auf Filzstifte und Kugelschreiber.
- unlackierte Trockentextmarker verwenden

 Radierer

- Verzicht auf "Weichplastik"-Radierer.
- Radierer auf Kautschukbasis, am besten aus Naturkautschuk

 Schultaschen

- Schultaschen aus umweltverträglichen Materialien (z.B. Leder oder Leinen) benutzen
- Eine volle Schultasche soll nicht mehr als 10 % des Körpergewichts wiegen!

Erste Hilfe

unbenutzt	unused
Block	writing pad
Zeichenpapier	drawing paper
beidseitig	both sides
Tintenkiller	eraser pen
Trockentextmarker	dry marker
Kautschuk	rubber

A Finde im Text:

a every year

b many tons of unused paper

c recycled paper

d photocopier

e printer

f leather

g linen

B Richtig oder falsch?

a Hefte sind immer voll geschrieben.

b Jeder Schüler kauft ökologische Arbeitsmittel.

c Recyclingpapier und Umweltschutzpapier sind grau.

d Wir sollten Papier sparsam verwenden.

e Man sollte immer „Weichplastik"- Radierer benutzen.

f Man sollte Schultaschen aus Plastik verwenden.

g Eine volle Schultasche soll mehr als 10 kg wiegen.

8 **Test: Wie grün bist du?**

Was denkst du? Kreuze an: **A**, **B** oder **C**

1 Verkehr
A Autos sollte man verbieten.
B Man sollte mehr zu Fuß gehen oder Busse und Bahnen benutzen.
C Ein Leben ohne Autos könnte ich mir nicht vorstellen.

2 Müll
A Verpackungen sollte man verbieten. Ohne Verpackungen gibt es keinen Müll!
B Verpackungen sollten umweltfreundlich sein, z.B. Glasflaschen statt Plastikflaschen. Glas kann man recyceln.
C Verpackungen sollten schön aussehen und praktisch sein.

3 Energie
A Strom sollte sehr teuer sein. Dann sparen mehr Leute Strom!
B Man sollte neue Häuser umweltfreundlich bauen und selber Energie sparen, z.B. mit Energiesparlampen.
C Strom und Heizung sollten billiger sein. Ich will im Winter zu Hause keine Pullover tragen!

4 Umweltaktionen
A Ich bin ein aktiver Umweltschützer.
B Ich finde Aktionen für die Umwelt gut, aber ich mache nicht immer mit.
C Umweltschutz ist langweilig und uncool!

Auswertung: Addiere deine Punkte. **A** = 1, **B** = 2, **C** = 3

10-12 Punkte:
Dein Motto: "Nach mir die Sintflut!" Umwelt interessiert dich nicht. Hauptsache es geht dir gut.

7-9 Punkte:
Du interessierst dich für die Umwelt, aber du bist kein Fanatiker. Gut so.

4-6 Punkte:
„Keine Kompromisse!" ist dein Motto. Wer nicht grün ist, ist nicht dein Freund.

Erste Hilfe

das könnte ich mir nicht vorstellen	I couldn't see that happening.
die Verpackung	packaging
der Strom	electricity
bauen	to build

die Energiesparlampe	energy-saving light bulb
Nach mir die Sintflut	I don't care what happens when I'm gone
der Fanatiker	fanatic
keine Kompromisse	no compromises

9 **Schreib was! Entwirf ein Umweltposter**

Was kann man in deiner Schule für die Umwelt tun? Mache ein Poster.

10 **Hör zu! Umweltschutz**

Kreuze an: Was sagt Max?

a Meine Familie interessiert sich nicht für die Umwelt.

b Wir recyceln unsere Glasflaschen.

c Wir bringen unser Papier zum Recyclingcontainer.

d Wir benutzen keine Plastikflaschen.

e Wir fahren mit dem Auto zur Schule.

f Wir fahren mit dem Fahrrad.

g Wir gehen zu Fuß.

11 **Partnerinterview: Was tust du für die Umwelt?**

Frage deinen Partner:

1 Interessierst du dich für Umweltschutz?

2 Was recycelt deine Familie?

3 Wie kommst du zur Schule?

4 Was tut ihr zu Hause noch für die Umwelt?

Kulturtipp **Mülleimer**

In Deutschland gibt es verschiedene Mülleimer auf der Straße. Es gibt Mülleimer für Glas, für Dosen, für Papier und für anderen Müll. So kann man den Müll besser recyceln. Man muss den Müll immer in den richtigen Mülleimer werfen.

12   **Sammli, der Abfallsack, hat die Getrenntsammlung im Griff!**

> Altpapier übergebe ich, schön gebündelt, der regelmässig stattfindenden Altpapier-sammlung ...

> ...und verwende wo immer möglich RECYCLINGPAPIER!

Pro Jahr werden in der Schweiz pro Person durchschnittlich 225 kg Papier verbraucht. Dafür müssen viele Bäume gefällt werden und es braucht für die Herstellung viel Wasser und Energie.

www.umweltschutz.ch/publikationen/sammli.htm

Beantworte die Fragen auf Englisch.

a   What is Sammli?

b   What exactly does he do with his old papers?

c   What does he use recycled paper for?

d   How much paper does one person use per year in Switzerland?

e   What exactly is needed in order to produce paper?

13   **Lies was! Alte Weisheit**

Read the following saying and then decide what the moral is:

Erste Hilfe

gerodet	felled
vergiftet	poisoned
gefangen	caught
merken	to notice

> „Erst wenn der letzte Baum gerodet, der letzte Fluss vergiftet, der letzte Fisch gefan-gen ist, werdet ihr merken, das man Geld nicht essen kann!"

 www.

Umweltschutz
- http://www.emil-gruenbaer.de/
- http://www.greenpeace.de/kids
- http://www.bmu.de/kinder/
- http://www.tiere-online.de/to_lex.asp

14 **Lies was! Tiere der Region Basel**

Ein Unterrichtsprojekt der Klasse R 3b, Realschule Birsfelden.

Der Wanderfalke

Der Wanderfalke ist bei uns ein seltener Greifvogel. Zu Beginn der 1960er Jahre gab es in der Region nur ein Paar Wanderfalken. Die Wanderfalken waren fast ausgestorben, weil das Insektizid DDT die Eier der Vögel beschädigte. Heute ist DDT verboten und es gibt wieder mehr Wanderfalken im Jura.

Elif Kül

Der Wolf

Der Wolf war in Europa fast ausgerottet. Die letzten Wölfe wurden 1834 geschossen. Heute ist der Wolf in der Schweiz geschützt. Bis es wieder mehr Wölfe in der Schweiz gibt, wird viel Zeit vergehen.
Ich habe den Wolf gewählt, weil ich finde, dass er eines der schönsten Tiere ist, und weil ich ein Fan von ihm bin.

Francisco Sanchez

Der Schwalbenschwanz

Die Raupe des Schwalbenschwanzes lebt an Karottenpflanzen. Als man Häuser auf den Feldern und Wiesen baute, gab es nur noch wenige Karottenpflanzen. Viele Schmetterlingsarten wurden auf diese Weise bei uns selten oder verschwanden ganz.

Stefania Gugliuzzo

Der Luchs

Vor etwa 100 Jahren verschwand der Luchs aus der Schweiz. Der Luchs jagt Rehe und Gänse. Der Mensch jagte diese Tiere auch, so dass der Luchs keine Nahrung mehr finden konnte. Anfang der siebziger Jahre gab es für den Luchs in der Schweiz eine neue Chance: 30 Tiere wurden ausgesetzt. Heute leben rund 100 erwachsene Luchse in den westlichen Alpen und im Jura.
Ich habe dieses Thema ausgewählt, weil der Luchs eine bedrohte Tierart ist.

Désirée Oberson

Erste Hilfe

der Wanderfalke	peregrine falcon	der Schwalbenschwanz	swallow-tail (butterfly)
selten	rare	der Schmetterling	butterfly
der Greifvogel	bird of prey	der Luchs	lynx
ausgestorben	extinct	verschwinden	to disappear
ausgerottet	exterminated	jagen	to hunt
geschossen	shot	aussetzen	to release into the wild
geschützt	protected	eine bedrohte Tierart	threatened species
die Raupe	caterpillar		

15 Schreib was! Welches Tier?

Finde die richtige Antwort: **WF** (Wanderfalke), **W** (Wolf), **S** (Schwalbenschwanz) oder **L** (Luchs)?
Manchmal gibt es mehr als eine Möglichkeit.

a Er ist eine Art Schmetterling.

b Er ist ein Greifvogel.

c Er ist in der Schweiz geschützt.

d Er wohnt im Jura.

e Er war in Europa fast ausgerottet.

f Er jagt Rehe und Gänse.

g Das Insektizid DDT beschädigte seine Eier.

h 30 von diesen Tieren wurden in den siebziger Jahren ausgesetzt.

16 Was fehlt? Fülle die Lücken aus!

1 Der Wanderfalke ist ein _____ Greifvogel.

2 Das Insektizid DDT _____ die Eier der Wanderfalken.

3 1834 wurden die letzten Wölfe _____ .

4 Der Wolf ist in der Schweiz _____

5 Viele Schmetterlingsarten _____ ganz.

6 Der Luchs _____ Rehe und Gänse.

7 Der Luchs _____ keine Nahrung finden.

> beschädigte   geschossen   geschützt
> jagt   konnte   seltener   verschwanden

17 Gruppenarbeit: Bedrohte Tierarten

Gibt es in Großbritannien bedrohte Tierarten? Sammle mit deiner Gruppe Informationen.
Schreib was! Mache ein Poster über ein Tier, das bedroht ist.

18 **Lied: So ein Dreck!** ♫ 👂

Hör zu und sing mit!

Müll, Müll, Müll!
Verpackungen und Coladosen;
Kaugummi klebt an den Hosen.
In unserer Schule gibt es zu viel Müll!

Refrain: So ein Dreck!
So ein Dreck!
Tut was für die Umwelt!
Der Dreck muss weg!

Spart Energie!
Lasst abends das Licht nicht an!
Wir wollen Heizungen, die man
abstellen kann!
In unserer Schule verschwenden
wir Energie!

Refrain: So ein Dreck!
...

Verkehr, Verkehr!
Autos verschmutzen hier die Luft.
Wir husten von dem Abgasduft.
In unserer Stadt gibt es zu viel Verkehr!

Refrain: So ein Dreck!
...

---

19 **Hör zu! Fragen zum Lied** 👂

Beantworte die Fragen auf Deutsch.
1 Welche drei Umweltprobleme beschreibt das Lied?
2 Nenne Beispiele für diese Probleme.

Aussagesätze

Wie heißt das auf Deutsch?

Excuse me, where is the stop for the number 3 bus?
Where does the train to Basle leave from?
What's the best way to get into the city centre?
Do I need to change (trains/buses etc)?
One / two to the "Zoo" stop, please.
How much is a ticket to the city centre?
When does the (next) bus leave?
When does the train arrive?
Does the ship go on Sundays / weekdays / weekends / Bank holidays?
How long does the journey take?
a single / a return / a multiple journey ticket / a family ticket
adults / children
the timetable

Wie heißt das auf Englisch?

Wie kommst du zur Schule?
Wie fährst du ..... zur Arbeit? / in den Urlaub? / nach Hause?
Die Haltestelle ist da vorne / gegenüber / auf der anderen Seite der Straße / um die Ecke.
Der Zug fährt von Gleis 3 ab.
Nehmen Sie den Bus / die Bahn Nummer 3.
Am besten gehen Sie zu Fuß.
Am besten, Sie nehmen den Bus Nummer 19.
Sie müssen am Marktplatz umsteigen.
Das kostet 59 Euro.
Der Bus fährt um 9 Uhr 22 ab.
Der Zug kommt um 9 Uhr 56 an.
Das ist gut / schlecht für die Umwelt.
Das ist (nicht) umweltfreundlich.
Es gibt zu viel Müll / Verkehr.
Energieverschwendung / Industrie Umweltverschmutzung
Man sollte Müll recyceln / weniger Auto fahren.
Man sollte Energie sparen / die Natur schützen.
Du solltest die Umwelt schützen / umweltfreundliche Produkte kaufen.

Einheit A — Meine Eltern und ich

Lernziele

In Unit 6A you will learn how to say what
- *you think of your family and friends*
- *problems you have at school*

1 **Lies den Cartoon und hör zu! Die Katastrophe**

Erste Hilfe

die Schule schwänzen	to play truant
rauchen	to smoke
Wie verstehst du dich mit ...?	How do you get on with...?
das Taschengeld	pocket money
doof	stupid
Wirklich?	Really?
Hausarrest haben	to be grounded

2 **Schreib und sag was! Fragen zum Cartoon**

A Finde im Cartoon:
- Do you smoke often?
- Now and then
- How do you get on with your parents?
- My parents don't understand me.
- I don't get enough pocket money.
- You're grounded!

B Beantworte die Fragen auf Englisch.
1 What are Pommes and Pia supposed to be doing?
2 What complaints does Pia have about her parents?
3 How does Mrs Klein find out that Pia is playing truant?
4 Why is it so bad that Pia is grounded?

Vokabeltipp **Wie findest du deine Familie?**

Wie findest du ...	*deine Mutter / Schwester?*		your mother / sister?
What do you think of	*deinen Vater / Bruder?*		your father / brother?
	deine Eltern / Geschwister?		your parents / brothers and sisters?
Ich finde sie / ihn	*nicht*	*nett / doof*	not nice / stupid
I think, they / she / he is	*ein bisschen*	*lustig / ernst*	a little funny / serious
	sehr	*locker / streng*	very laid back / strict
	ganz	*modern / altmodisch*	very modern / old-fashioned
		frech / nervtötend	cheeky / nerve-wrecking
		interessant / langweilig	interesting / boring

---

3 **Hör zu! Meine Familie**

Schreibe die richtigen Buchstaben.

Mutter ☐ **Vater** ☐ **Bruder** ☐

A

B

C

D

E

F

4 **Sag was! Wie findest du sie?**

Sieh die Bilder in Übung 3 an. Wie findest du die Leute? Mache Sätze.

Beispiel   **A** *Ich finde das Mädchen sehr lustig.*

Vokabeltipp   **So schimpfst du richtig!**

Er / sie ist	*ein altes Fossil!*	an old fossil
	ein Blödmann!	a fool
	eine Schreckschraube!	a battleaxe
	eine Nervensäge!	a pain in the neck!
Er / sie geht mir auf den Wecker.		He / she gets on my nerves.

 Wörterbuch

Redewendungen

It is not always easy to look up idiomatic expressions in a dictionary. Often a word by word translation does not make sense.

Er geht mir auf den Wecker would translate word for word as: "He goes to me on the alarm clock".

Try to find the key word in the expression and look it up in a dictionary. Then read all the entries.

Beispiel   *Er geht mir auf den Wecker!*

First look up **Wecker**:

> **Wecker,** *der*; Weckers, Wecker
> a) alarm clock; jemandem auf den Wecker gehen oder fallen (coll.) get on somebody's nerves;
> b) (coll.) big fat watch

Pass auf!

auf + Accusativ

5 **Schreib was!**

Find the correct translations for these idiomatic expressions:

1 Du hast einen Knall!
2 Halt die Klappe!
3 Du bist einsame Spitzenklasse!
4 Er hat einen Vogel.
5 Sie ist eine trübe Tasse.
6 Er ist schwer auf Draht.

6 **Schreib was! Paul schimpft**

Wie findet Paul die Leute? Welche Adjektive passen?
- Paul findet seine Schwester *nervtötend*.
- Paul findet seinen Bruder …
- Paul findet …

> Mein Bruder ist ein Blödmann.

> Mein Lehrer ist ein altes Fossil!

> Meine Tante ist eine Schreckschraube.

> Meine Schwester ist eine Nervensäge!

> Und du gehst mir auf den Wecker!

> doof   altmodisch   streng
> nervtötend (2x)

7   **Sag was! Wie verstehen sie sich?**

Schreibe die Fragen und die Antworten. Spiele mit einem Partner.

Karen und Elisabeth

Janosch und Alexander

Tina und Tom

Beispiel   Wie versteht sich Karen mit Elisabeth?
Karen versteht sich gut mit Elisabeth.

● Janosch mit Alexander?
● Tina mit Tom?
● du dich mit deinem Bruder / deiner Schwester / deinen Eltern?

8   **Hör zu! Jakob und Jamila**

Jakob und Jamila sind Geschwister.
Wie verstehen sie sich?
Wie finden sie sich? Kreuze an!

	get on?		finds the other person:			
	yes	no	cheeky	serious	boring	stupid
Jakob						
Jamila						

Vokabeltipp   **Versteht ihr euch?**

Wie verstehst du dich mit …?   *deiner Mutter*   your mother
How do you get on with …?   *deiner Schwester*   your sister
Ich verstehe mich gut mit …   *meinem Bruder*   my brother
I get on well with …   *meiner Schwester*   my sister
Ich verstehe mich nicht mit …   *meiner Mutter*   my mother
I don't get on with …   *meinem Vater*   my father
      meinen Eltern   my parents

Pass auf!

mit + Dativ!

Erste Hilfe

Müdigkeit   tiredness
Rauschmittel   drugs
Haschisch   hashish
Nebenwirkungen   side effects
Zittern   trembling
Schlaflosigkeit   sleeplessness

PROBLEME
Was für Probleme gibt es mit deinen Eltern / Geschwistern?
What kind of problems are there with your parents / brothers and sisters?
Ich darf (nie) …   I'm (never) allowed to …
Ich muss immer …   I always have to …
Meine Eltern erlauben das nicht.   My parents don't allow me to do that.
Er / Sie versteht das nicht.   He / She does not understand.

9 Lies was! Probleme mit den Eltern

Teenager schreiben, was für Probleme sie mit ihren Eltern haben.

> Ich muss immer ganz früh zu Hause sein. Alle anderen dürfen viel länger im Café bleiben als ich. Das nervt!
> **Sascha**

> Ich muss immer aufräumen, aufräumen, aufräumen. Meine Mutter lässt mich nie in Ruhe! Dabei ist es doch mein Zimmer.
> **Patrick**

> Ich darf nie allein in die Stadt gehen. Meine Eltern erlauben das nicht. Sie sagen, das ist zu gefährlich. Dabei bin ich schon 14!
> **Elif**

> Ich möchte einen eigenen Fernseher in meinem Zimmer haben, aber meine Eltern erlauben das nicht. Sie sagen, ich sehe sowieso schon zu viel fern. So ein Quatsch!
> **Anna**

> Ich muss an Schultagen schon um 10 Uhr ins Bett gehen. Da bin ich noch gar nicht müde. Ich lese dann meistens bis Mitternacht. Aber meine Eltern verstehen das nicht.
> **Kai**

10 Schreib was!

A Beantworte die Fragen. Schreibe Sascha, Elif, Patrick, Anna oder Kai.

1 Wer liebt fernsehen?

2 Wer will lieber länger im Café bleiben?

3 Wer kann abends nicht schlafen?

4 Wer hat eine sehr ordentliche Mutter?

5 Wer möchte ohne die Eltern in die Stadt gehen?

6 Wer liest oft im Bett?

B Wähle ein Problem. Schreib eine kurze Antwort !

Beispiel *Liebe Anna, ich möchte auch einen Fernseher in meinem Zimmer haben, aber meine Mutter erlaubt das noch nicht. Wenn ich mein Zimmer jeden Tag aufräume, sagt sie vielleicht ja!*

11 Lies was! Ecstasy

Themen, die dich bewegen

Ich bin total fertig...

Ecstasy?

Xtasy, XTC, E, Adam ... unter verschiedenen Namen wird die illegale Substanz MDMA in Tablettenform verkauft. Risiken: Hunger, Müdigkeit und vor allem Durst bemerkt man nicht.

Mit weiterem Rauschmittel wie Alkohol oder Haschisch wird der Drogenmix auch riskanter. Es gibt unangenehme Nebenwirkungen wie Zittern, Schlaflosigkeit, Kopfschmerzen. Viele feiern Partys ohne Ecstasy und haben Spaß am Tanzen und an der Musik!

Was ist eigentlich... Ecstasy?

Beantworte die Fragen auf Englisch:

a What does the article say someone who has taken Ecstasy does not notice?

b What action brings even more risks?

c Name two side effects associated with taking Ecstasy.

d How does the advert suggest you enjoy yourself?

Winschgau, den 12. August

Hallo Daniel,

heute hatte ich schon wieder Ärger mit meiner Mutter. Sie hat geschimpft, weil ich eine Stunde lang mit meiner Freundin telefoniert habe. Jetzt darf ich nur noch 15 Minuten pro Tag telefonieren. Was soll ich denn meinen Freundinnen sagen?! Die lachen mich doch aus. Ich bin total sauer.

Ich möchte gerne mein eigenes Handy haben, aber das erlauben meine Eltern auch nicht – zu teuer! Ich kann also weder von zu Hause anrufen, noch vom Handy. Meine Mutter ist manchmal eine echte Schreckschraube!

Wie findest du deine Eltern? Versteht ihr euch oder hast du auch manchmal Probleme mit deinen Eltern?

Deine Tanja

12 Lies was! Telefonverbot

Beantworte die Fragen auf Deutsch.

1 Warum hatte Tanja heute Ärger?
2 Wie lange hat sie telefoniert?
3 Wie lange darf Tanja telefonieren?
4 Was wünscht sich Tanja?
5 Wie findet Tanja ihre Mutter?

Erste Hilfe

ich habe Ärger mit (+ Dativ)	I have problems with …
schimpfen	to complain
die lachen mich aus	they laugh at me
Ich bin total sauer.	I am really annoyed.

Sprachtipp

nie, weder … noch

We have already met some words which make a sentence negative: nicht *(not)* and kein *(not a, an; no)*.

There are other ways of expressing the negative in German:

eg. Meine Mutter lässt mich **nie** in Ruhe!   *My mother **never** leaves me in peace!*

Ich darf **nie** allein in die Stadt gehen.   *I am **never** to go to town alone.*

As you can see, **nie** means "never".

eg. **Weder** mein Bruder **noch** meine Schwester spielt ein Instrument.
__Neither__ my brother __nor__ my sister plays an instrument.

Ich kann also **weder** von zu Hause anrufen, **noch** vom Handy.
So I can __neither__ ring from home __nor__ from the mobile.

Weder … noch … mean "neither … nor".

13 Schreib was! Beantworte Tanjas Brief

Schreibe

- wie du deine Eltern findest
- ob du ein Handy hast
- ob du zu Hause telefonieren kannst
- was für Probleme es gibt (ein Beispiel)
- einen Tipp für Tanja.

14 **Lies was! Wie streitet man sich richtig?**

Eltern und Kinder sind nicht immer einer Meinung. Und wenn man anderer Meinung ist, dann streitet man sich. Das ist normal. Aber dann gibt es Tränen. Und am Ende bekommst du doch nicht, was du möchtest.

Hier sind ein paar Tipps, wie du dich richtig streitest:
- Warte bis alle gute Laune haben.
- Überlege dir vorher, was du sagen willst.
- Bleib ruhig!
- Zuhören ist wichtig. Versuche zu verstehen, warum deine Eltern anderer Meinung sind. Dann kannst du bessere Argumente finden.
- Sei nicht stur. Ein Kompromiss ist besser als gar nichts! Morgen kommst du einen Schritt weiter!

Erste Hilfe

einer Meinung sein	to be of the same opinion
anderer Meinung sein	to be of a different opinion
sich streiten	to quarrel
die Tränen	tears
überlegen	to consider
Bleib ruhig	stay calm
zuhören	listening
stur	stubborn
der Kompromiss	compromise

R (Richtig), F (falsch) oder „?" (nicht im Text)?

Beispiel *Eltern und Kinder sind immer einer Meinung.* **F**

a Es gibt nie Tränen.
b Montags bekommst du immer Geld.
c Man muss einen guten Augenblick abwarten.
d Man muss ruhig bleiben.
e Zuhören ist gar nicht wichtig.
f Du solltest jeden Morgen arbeiten.

Vokabeltipp Strafen und Belohnungen

die Strafe	the punishment
jemanden bestrafen	to punish someone
Ich durfte eine Woche lang nicht fernsehen.	I wasn't allowed to watch TV for a week.
Ich hatte zwei Tage lang Hausarrest.	I was grounded for two days.
Ich musste das selber bezahlen.	I had to pay for it myself.
Meine Eltern haben mir verboten, Playstation zu spielen.	My parents have forbidden me to play with my Playstation.
die Belohnung	the reward
jemanden belohnen	to reward someone
Ich durfte ...	I was allowed to ...
Ich habe ... bekommen.	I received...
Das war fair / unfair.	That was fair / unfair.

15 **Lies was! Strafen und Belohnungen**

Gibt es bei euch Strafen und Belohnungen?

> Ich bin mal mit dem Skateboard über unser Auto gefahren – ein dummer Stunt! Das Auto war natürlich kaputt. Danach durfte ich einen Monat lang kein Skateboard fahren und ich musste drei Monate lang jeden Samstag das Auto waschen. Das war eine faire Strafe.
>
> **Marko (15)**

> Ich bekomme immer 10 Euro von meiner Oma, wenn ich eine gute Note in der Schule habe.
>
> **Juliane (13)**

> Wenn ich dieses Jahr ein gutes Zeugnis habe, darf ich zwei Wochen nach England in den Urlaub fahren. Das finde ich toll!
>
> **Enzo (14)**

> Ich bin mal sehr spät nach Hause gekommen. Meine Eltern hatten totale Angst. Danach hatte ich zwei Monate Hausarrest. Das war echt doof.
>
> **Lena (16)**

Welche Eltern sagen das? Die Eltern von Marko, Juliane, Enzo oder Lena?

a Wenn er dieses Jahr gute Noten hat, darf er nach London fahren.

b Wir hatten fürchterliche Angst!

c Meine Mutter hat ihr Geld gegeben, weil sie eine gute Schülerin ist.

d Das Auto war total kaputt!

e Wenn er in England ist, wird er natürlich Englisch sprechen.

16 **Hör zu! Jonas möchte ein Handy**

Jonas redet mit seinem Vater. Ordne die Argumente und trage sie in die Tabelle ein.

Jonas	Vater
• Alle meine Freunde haben ein Handy.	• ...
• ...	

- Ein Handy ist teuer.
- Ich kann euch abends anrufen, wenn ihr mich abholen sollt.
- Ich wünsche mir ein Handy zum Geburtstag.
- Du telefonierst den ganzen Tag.
- Man braucht nicht immer die neueste Technik.
- Alle meine Freunde haben ein Handy.

- Meine Freunde gehen ohne mich aus, weil sie mich nicht anrufen können.
- Es gibt Sonderangebote.
- Ein Handy ist sicherer.
- Wer soll das bezahlen?

> **Erste Hilfe**
> sich verabreden to arrange to meet

17 **Sag was! Eltern und Kinder**

- Bildet zwei Gruppen: die Eltern und die Kinder.
- Wählt eine Situation.
- Findet Argumente für eure Gruppe. Was wollt ihr sagen?
- Diskutiert dann mit der anderen Gruppe.

Situation 1 Das Kind möchte ein Handy. Die Eltern wollen das nicht.
Situation 2 Das Kind möchte eine ganz moderne Hose haben.
Die Eltern wollen die Hose nicht bezahlen.

Probleme Online
- http://www.jungs.org/
- http://www.rjdaarau.ch/

18 **Lies was! Stell dir vor, dein Handy könnte sprechen!**

Ich krieg ja praktisch jedes Gespräch mit. Ich weiß, wann du dich mit wem verabredest oder eine Nachricht schickst. Wenn du Schule hast, schaltest du mich die ganze Zeit aus! Deine Freunde schicken dir immer viele Geschichten und ich muss warten, bis du mich abhörst. Am schönsten für mich ist, wenn ich dich anpiepsen darf, weil du dich dann immer so freust. Wenn ich dann nachts mit meinem Ladegerät einschlafe, klingele ich manchmal ganz leise und zufrieden vor mich hin, aber das Schnurren deines Handys hörst du nicht!

Erste Hilfe			
sich verabreden	to arrange a meeting	*schicken*	to send
ausschalten	to switch off	*abhören*	to listen (to messages)
anpiepsen	to go peep	*das Ladegerät*	charger
klingeln	to ring	*das Schnurren*	humming / purring

Finde im Text:
a I hear virtually every conversation.
b You switch me off the whole time!
c The best time for me is …
d You are always so happy then.
e I sometimes ring quite quietly.

19 **Hörspiel: Pommes' Eltern unterhalten sich**

Beantworte die Fragen auf Englisch.
1 What is Yasemin not allowed to do?
2 What are the parents like?
3 How is Yasemin feeling?
5 What have Yasemin's parents not heard yet?
6 Where do Pommes' parents plan to take Yasemin's parents?

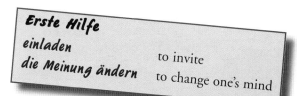

Erste Hilfe
einladen — to invite
die Meinung ändern — to change one's mind

Einheit B   Ausgehen

In Unit 6B you will learn how to
- *describe what sort of music you like*
- *say what you enjoy doing in your free time*
- *plan an evening out*
- *talk about computer games*

---

1   **Lies den Cartoon und hör zu! Ein großer Abend**

Erste Hilfe
bin ... geklettert   climbed

2 Schreib was! Fragen zum Cartoon

A Finde im Cartoon:
- The Anstoß-Band are playing here.
- this modern music
- It's just about to start.
- They like it.

B Fragen zum Cartoon
Richtig oder falsch? Wo im Cartoon steht die Information?

Beispiel Herrn Akbar gefällt die Musik der Anstoß-Band nicht.

*F. Bild 1: **Ich weiß nicht**, ob mir diese moderne Musik gefallen wird.*

1 Die Anstoß-Band spielt altmodische Musik.
2 Pia hat Hausarrest, weil sie die Schule geschwänzt hat.
3 Pias Mutter hat Pia zum Konzert gefahren.
4 Yasemin freut sich, dass ihre Eltern da sind.
5 Yasemins Eltern finden die Musik gut.

Vokabeltipp Musik

Was für Musik gefällt dir?		What kind of music do you like?
Was für Musik hörst du?		What kind of music do you listen to?
Mir gefällt	*klassische / moderne Musik*	classical / modern music
Ich höre	*Popmusik*	pop music
I like	*Rockmusik*	rock music
I listen to	*(deutsche / irische) Volksmusik*	(German / Irish) folk music
Spielst du ein Instrument?		Do you play an instrument?
Nein, ich spiele kein Instrument.		No, I don't play an instrument.
Ja, ich spiele	*Gitarre / Klavier / Schlagzeug*	guitar / piano / drums
Yes I play	*/ Flöte / Geige.*	/ flute / violin.

---

3 Partnerarbeit: Was für Musik?

Arbeite mit einem Partner. Beantworte die Fragen. Benutze den Vokabeltipp als Hilfe.

Beispiel

A *Was für Musik gefällt dir?*
B *Mir gefällt Popmusik.*

1　　　　　　**2**　　　　　　**3**

4 Quiz: Instrumente

Wer spielt welche Instrumente? Mache Sätze. Zwei Leute singen auch. Wer ist es?

Beispiel　　*James Galway spielt Flöte.*

James Galway
Elton John
Elvis Presley
Nigel Kennedy

5 **Hör zu! Abdul und Hannah**

Abdul und Hannah reden über Musik. Was ist richtig: **a**, **b** oder **c**?

1	Abdul liebt	**a** Popmusik	**b** türkische Musik	**c** klassische Musik.
2	Abdul spielt	**a** Gitarre	**b** Klavier	**c** Geige.
3	Hannah spielt	**a** kein Instrument	**b** Klavier	**c** Flöte.
4	Hannah hört gern	**a** Volksmusik	**b** Popmusik	**c** Rockmusik.

Vokabeltipp **Meine Lieblingsmusik**

Wie heißt deine Lieblingsband / dein Lieblingsmusiker / deine Lieblingsmusikerin? — What is your favourite band / musician / female musician?

Was für Musik machen sie / macht er / macht sie? — What kind of music do they / does he / she make?

Beschreibe die Musik. — Describe the music.

Die Musik ist — The music is

gut zum Tanzen — good for dancing

romantisch — romantic

lustig / traurig — jolly / sad

Der Sänger / die Sängerin hat eine gute Stimme. — The singer has a good voice.

Der Musiker / die Musikerin spielt gut. — The musician plays well.

Er / Sie hat das Lied: „ ......" gespielt / gesungen. — He / she has played / sung the song "…".

Eine Mädchenband / eine Jungenband hat einen Auftritt. — A girl / boy band does a gig.

Ein Orchester spielt ein Konzert. — An orchestra performs a concert.

6 **Lies was! MC Lyte meets World**

a Was für eine Sängerin ist MC Lyte?

b Mit wem hat sie bei "Time for change" gesungen?

c Woher kommt die Girls Danacee?

d Warum durften Nat und Es-Tee MC Lyte in Amerika treffen?

Was passiert wenn World Music auf Hip-Hop trifft? Bei „Time for change" war die Spitzenrapperin MC Lyte mit dem Rai-Sänger Khaled im Studio. Zusätzliche harmonische Vocals kommen von den Stuttgarter Girls Danacee. Da MC Lyte für Reisen nach Deutschland keine Zeit hatte, durften Nat und Es-Tee von Danacee ihr Idol in Amerika treffen.

7   Lies was! Aleksey

Die meisten Leute kennen Aleksey als Frontmann der fantastischen Jazzkantine. Nun überrascht Aleksey uns solo.

Woher kommt sein Name?

„Meine Mutter ist Amerikanerin, ich bin aber bei Papa in Braunschweig aufgewachsen. Ich heiße Alexander Cooper Preik, Alex C. Preik, und weil viele das Aleks-Ce aussprachen, habe ich mich einfach gleich so genannt."

Richtig, falsch oder nicht im Text?
a   Aleksey war Frontmann der Jazzkantine.
b   Aleksey hat bislang nie allein gesungen.
c   Seine Großmutter war Amerikanerin.
d   Er ist bei seinem Vater in Braunschweig aufgewachsen.

8   Schreib was! Mein Musikgeschmack

Fülle den Steckbrief aus und vergleiche mit deinen Freunden.
Was für Musik gefällt dir?
Was für Musik gefällt dir nicht?
Wie heißt deine Lieblingsband?
Wie heißt deine Lieblingsmusikerin?
Wie heißt dein Lieblingsmusiker?
Spielst du ein Instrument?   ja ☐   nein ☐

9   Hör zu! Radioquiz

Beantworte die Fragen auf Deutsch.
1   Was für ein Instrument spielt der Sänger?
2   Was für Musik macht der Musiker?
3   Beschreibe die Musik.
4   Welche Lieder hat der Sänger gesungen?
5   Wie heißt der Sänger?

10   Sag was! Wie heißen die Musiker?

Stelle deiner Gruppe einen Musiker oder eine Band vor. Können sie raten, wer es ist?
●   Mann / Frau / Band?
●   Instrument?
●   Was für Musik? Beschreibe!
●   Lieder / Hits?
●   Aussehen?

11 Lies was! Die Mainzer Tageszeitung schreibt ...

Erste Hilfe

besteht aus — consists of

der Schlafanzug — pyjamas

Gestern Abend spielte die junge Mainzer Newcomer-Band **Anstoß** in der Schuldisko der Gesamtschule Stadtmitte. Die Band besteht aus zwei Jungen und zwei Mädchen, alle zwischen 15 und 16 Jahren. **Anstoß** spielt lustige Rapmusik zum Tanzen. Die Band hat gute Musiker und schreibt intelligente Songtexte zum Thema Umwelt. Auch die Bühnenkostüme waren cool. Eine Musikerin trat sogar im Schlafanzug auf!

12 Lies was! Toilettenbesuch live!

Unsere Jugendgruppe führte ein Musical auf. Der Saal war bis auf den letzten Stuhl besetzt. Kleine Mikrophone an unserer Kleidung sollten die Stimmen verstärken. Während der Vorstellung musste ich dringend auf die Toilette. Als ich zurückkam, lachte das Publikum schallend. Ich hatte das Mikro vergessen, alle hatten über Lautsprecher mithören können. Am liebsten wäre ich nach Hause gegangen!

JULIA, 16

Beantworte die Fragen auf Englisch

a How do you know the musical was popular?

b What sort of microphones were they wearing?

c What problem did Julia have during the performance?

d Why exactly did the audience laugh when she came back?

e How do you know Julia was embarrassed?

13 Schreib was! Musikkritik

Schreibe eine kurze Musikkritik über eine CD oder ein Konzert. Du sollst schreiben:

- Name der Musiker und der CD; wo und wann das Konzert war
- was für Instrumente
- was für Musik
- wie es dir gefallen hat
- was gut war
- was schlecht war
- das beste Lied
- Kannst du auf dem Internet Fotos finden?

Vokabeltipp Fußball

Wie heißt deine Lieblingsmannschaft?	What is your favourite football club?
Meine Lieblingsmannschaft heißt ...	My favourite club is ...
Sie kommt aus ...	They come from ...
Sie spielt in der Bundesliga.	They play in the national division.
Wer ist dein Lieblingsspieler?	Who is your favourite player?
Mein Lieblingsspieler ist ...	My favourite player is ...
Er kommt aus ...	He comes from ...
Wie ist seine Position?	Which position does he play?
Er ist Torwart / Stürmer / Verteidiger / Mittelfeldspieler / Trainer.	He is a goal keeper / forward / defender / midfield player / trainer
Welche Nummer hat er?	Which number does he have?
Er hat Nummer 3.	He has the number 3.

14   **Lies was! Lothar Matthäus**

1961	Geboren am 21. März in Erlangen
1979	Start der Profi-Karriere bei Borussia Mönchengladbach
1980	Debüt in der Deutschen Nationalmannschaft. Europameister.
1988	Wechsel zu Inter Mailand
1990	Mannschaftskapitän im erfolgreichen Weltmeisterschafts-Team der Nationalmannschaft. Europäischer und Welt-Fußballer des Jahres
1992	Rückkehr zu Bayern München
1996	UEFA-Cup-Gewinner
2000	Letztes Spiel in der deutschen Bundesliga. Beendigung der aktiven Spieler-Laufbahn.

Der persönliche Fragebogen

1	**Ihr Lieblingsurlaubsort?**	Malediven	9	**Ihre Lieblingssängerin?**	Laura Pausini
2	**Ihre Hobbys?**	Ski fahren, Wasserski fahren	10	**Welche Eigenschaften schätzen Sie bei einer Frau am meisten?**	Ehrlichkeit
3	**Ihre Lieblingsküche?**	Italienisch	11	**Ihre Lieblingsbeschäftigungen?**	- Mit der Familie zusammen zu sein. - Telefonieren.
4	**Ihr Lieblingsessen?**	Rouladen mit Blaukraut	12	**Wer oder was hätten Sie sein mögen?**	Flugzeugpilot
5	**Wo möchten Sie leben?**	New York	13	**Was schätzen Sie bei Ihren Freunden am meisten?**	Zuverlässigkeit
6	**Ihr liebster Romanheld?**	Sherlock Holmes	14	**Ihre Lieblingsfarbe?**	Blau
7	**Ihr Lieblingskomponist?**	Beethoven	15	**Ihr Lieblingsschauspieler?**	Eddie Murphy
8	**Ihr Lieblingssänger?**	Eros Ramazotti	16	**Ihre Lieblingsschauspielerin?**	Michelle Pfeiffer

a   Wann und wo wurde Matthäus geboren?
b   Was sind seine Hobbys?
c   Was ist seine Lieblingsküche?
d   Wer ist sein liebster Romanheld?
e   Wer ist sein Lieblingsschauspieler?
f   Was für einen anderen Beruf hätte er gern gehabt?

15   **Schreib was! Mein persönlicher Fragebogen**

Look again at the questions which the journalist put to Matthäus. This time try to answer the questions yourself.

16   **Hör zu! Lieblingsspieler**

Matthias und Pommes reden über ihre Lieblingsspieler. Fülle den Steckbrief aus.

Name: · · · · · · · · · · · ·
Verein: · · · · · · · · · · ·
Land: · · · · · · · · · · ·
Position: · · · · · · · · ·
Nummer: · · · · · · · · ·

Matthias' Lieblingsspieler

Name: · · · · · · · · · · · ·
Verein: · · · · · · · · · · ·
Land: · · · · · · · · · ·
Position: · · · · · · · · ·
Nummer: · · · · · · · · ·

Pommes' Lieblingsspieler

17   **Sag was! Ich bin ein Fußballfan**

Fülle den Steckbrief aus und vergleiche ihn mit deinem Nachbarn.

Lieblingsmannschaft: · · · · · · · · · · · · · ·
Lieblingsspieler: · · · · · · · · · · · · · · · ·
Verein: ·
Land: ·
Position: ·
Nummer: ·

Vokabeltipp   **Was ist heute los?**

Was gibt es	*heute*	*im Kino?*	at the cinema?
What's on	*morgen*	*im Theater?*	at the theatre?
	um 8 Uhr	*im Fernsehen?*	on television?
	übermorgen	*im Radio?*	on the radio?
		im Jugendzentrum?	in the youth club?
Im Kino läuft		*ein Drama*	a drama
The cinema is showing		*ein Actionfilm*	an action movie
		eine Komödie	a comedy
		ein Liebesfilm	a romance
		ein Musical	a musical
		ein Horrorfilm	a horror movie

Am Montag gibt es ein Festival / ein Stadtfest / eine Kirmes.
On Monday there is a festival / a city festival / a fun fair.

18 **Lies was! Ringlokschluppen**

FR 18:00	06.	**OLDIE-NACHT** Open-Air auf der Drehscheibe mit MFG, break.even, MH All Star Band	20,-/28,-
FR 22:00	06.	**Summergroove** Disco für Freischwimmer ab	7,-
SA 19:00	07.	**Touched Voices** "Werkstattauftritt" Die Kreissäge muss schweigen, wenn Touched Voices singt	14,-/18,-
SA 22:00	07.	**WILDE 30** Party für alle um die 30 mit DJ Carsten	7,-
SO 15:00	08.	**Die Blindfische** Kindertheater Open-Air auf der Drehscheibe	frei
DO 22:30	12.	Open-Air-Kino auf der Drehscheibe „**Antonias Welt**"	frei

Erste Hilfe
die Drehscheibe — revolving stage
um die 30 — about 30 years old

Beantworte die Fragen auf Deutsch.

a Was gibt es am Freitag auf der Drehscheibe? Um wie viel Uhr fängt es an?
b Wann gibt es eine Party für alle um die 30?
c Was gibt es für kleine Kinder? Wann? Wie viel kostet es?
d Wann singt die Gruppe „Touched Voices?"

19 **Hör zu! Wochenendtipps**

Was ist am Wochenende in Mainz los? Hör dir das Radioprogramm an und finde die richtigen Antworten.

A   **B**   **C**   **D**   **E**   **F**

Erste Hilfe
Eintritt frei — Free entry

Samstag: **A** ☐   Sonntag: ☐

Grammatik

Die Zukunft

There are two ways of talking about the future in German:

1 We can use the present tense and an expression of time to describe future events:

eg. Ich **spiele** morgen Tennis   *I'm playing* tennis tomorrow.

2 There is also a **future tense** in German. Fortunately it is very easy to understand and to use! The future tense is formed by using the present tense of the verb **werden** with the <u>infinitive</u>. The infinitive normally goes to the end of the sentence or clause. All you need to remember is how to form the present tense of **werden**!

werden (also means "to become")

ich **werde**	wir **werden**
du **wirst**	ihr **werdet**
er / sie / es **wird**	Sie / sie **werden**

eg. Ich **werde** morgen Tennis **spielen**.   *I will play* tennis tomorrow.

Hoffentlich **wird** das Wetter gut **bleiben**.   *Hopefully the weather will stay* good.

Übung

Change the verbs in the following sentences from the present to the future tense.

1 Pia kommt übermorgen zurück.
2 David fährt im Sommer nach Italien.
3 Die Schüler machen am Wochenende eine Radtour.
4 Heinz lernt später Deutsch.
5 Die Band spielt im Januar in Hamburg.
6 Wir essen heute Abend im neuen Restaurant.
7 Sie fahren nächstes Jahr nach Holland.
8 Peter kauft bald einen Computer.
9 Bringst du deinen kleinen Bruder mit?
10 Sie geht morgen in die Stadt.

Now compare the two sets of sentences and translate them into English. You should find that they both mean exactly the same! Both tenses refer here to the future as there is a "future" expression of time in every sentence, eg. **übermorgen**, **im Sommer**, **am Wochenende**.

Vokabeltipp Zukunft

Here are some useful "future" expressions which can be used with both the present and the future tenses.

in einer Stunde	in an hour's time
morgen	tomorrow
übermorgen	the day after tomorrow
nächstes Wochenende	next weekend
nächsten Monat	next month
nächstes Jahr	next year
bald	soon
in der Zukunft	in the future

20 **Schreib was! Was wirst du machen?**

Antworte in ganzen Sätzen auf Deutsch.
1   Was wirst du in einer Stunde machen?
2   Was wirst du morgen um 8 Uhr machen?
3   Was wirst du nächsten Samstag machen?
4   Was wirst du nächsten Monat machen?
5   Was wirst du in den nächsten Ferien machen?

www.   **Computerspiele**
● www.playstation.at/
● www.computerspielemuseum.de/

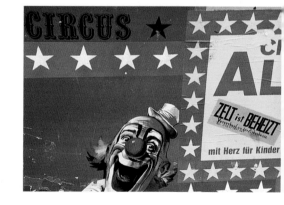

21 Hör zu! Was ist los?

Phillip und Rebekka reden über das Wochenende. Was ist richtig: **a**, **b** oder **c**?

1 At the weekend there is   **a** a music festival   **b** a fun fair   **c** a sports event.

2 Phillip and Rebecca want to go there   **a** tomorrow afternoon   **b** tomorrow evening   **c** the day after tomorrow in the afternoon.

22 Lies und schreib was! Eine E-Mail

E-Mail

Hallo,

Bei uns ist nächsten Monat viel los! Es wird ein Sportfest in unserer Schule geben. Und nächstes Wochenende werden wir eine Schuldisko haben. Ich freue mich schon darauf!

Was ist bei euch nächsten Monat los? Schreibe bald!

Benjamin

Beantworte Benjamins E-Mail. Beschreibe:
- was du nächsten Monat in der Schule machst
- was du nächsten Monat in deiner Freizeit machst

Festivals

In Deutschland gibt es im Sommer viele Festivals. Hier findest du mehr Informationen:

(Tamito): Schnelle Infos, wenn sich was ändert:
- www.openair.de

Ausführliche Planungshilfe:
- www.festivalplaner.de

Fans bewerten Festivals:
- www.festivalguide.de

Vokabeltipp Eintrittskarten kaufen

Ich möchte zwei Karten für das Open-Air-Festival, bitte.	I would like two tickets for …, please.
Für welches Datum möchten Sie die Karten?	For which date would you like the tickets?
Für den 27. Februar, bitte.	For the 27th of February, please.
Was kostet der Eintritt für …?	How much is a ticket for …?
Ich habe eine Schülerkarte.	I have a student card.
Ich habe einen Behindertenausweis.	I am entitled to a concession. I am disabled.

23 Hör zu! Irina kauft Karten

Beantworte die Fragen auf Deutsch.

1 Wie viele Karten kauft Irina?

2 Wann möchte sie das Konzert sehen?

3 Warum sind die Karten billiger?

4 Wie viel muss Irina bezahlen?

24 **Rollenspiel: Karten kaufen**

Rolle A:

Du willst zwei Karten für das Fußballspiel am
3. Februar kaufen.

Du hast einen Schülerausweis.

Rolle B:

Du verkaufst Karten für das Fußballspiel.

Für Erwachsene kostet es 10 Euro, für Schüler
kostet es 6 Euro pro Person.

Aussprache

oh!

Hör zu und wiederhole! So spricht sich das lange **o** im
Deutschen aus!

Oooooh!

Opa belohnt den doofen Sohn.

Oma wohnt einen Monat oben auf dem Boot.

Fotos verboten.

25 **Lied: Verboten!**

1

Ich höre gerne Popmusik (x 3),
aber meine Eltern haben das verboten!
Sie sagen: „Zu modern! (x 3),
Hör doch keine Popmusik. Hör doch lieber Klassik!"

2

Ich spiele gern Computerspiele (x 3),
aber meine Eltern haben das verboten!
Sie sagen: „Viel zu dumm! (x 3),
Spiel doch nicht Computerspiele. Lies doch lieber Bücher!"

3

Ich spiele gern Gitarre (x 3),
aber meine Eltern haben das verboten!
Sie sagen: „Viel zu laut! (x 3),
Spiel doch nicht Gitarre. Sei doch lieber leise!"

4

Gestern kam ich in die Küche (x 3),
da tanzten meine Eltern beide Rock'n Roll!
Da sagte ich: „Altmodisch! (x 3),
Tanzt doch nicht Rock'n Roll. Heute tanzt man so!"

5

Und jetzt rappen wir, rappen wir, rappen wir.
Und jetzt rappen wir. Das ist nicht verboten!
Da sagten sie: „Das ist cool! Das ist cool! Das ist cool!
Wir tanzen jetzt den Rap, denn heute tanzt man so!"

Fragen zum Lied

Was macht der Junge? Was wollen die Eltern? Fülle die Tabelle aus.

Junge	Eltern
• Popmusik hören	• ...

Leise sein   Klassik hören   Rappen (Rap tanzen)
Popmusik hören   Bücher lesen   Rock'n Roll tanzen
Gitarre spielen   Computerspiele spielen

26 **Lies was! Tomb Raider**

Man muss versuchen, Lara durch verschiedene Gelände, schwimmen, tauchen und laufen zu lassen und dabei alle Gegner zu besiegen.

Janina Berger, 16

Lara fährt von Indien nach London, in die Südsee und schließlich zum Südpol. Der Spieler kann aber auch andere Routen wählen. TOMB RAIDER III ist ein typisches Action-Adventure.

Lars Baer, 17

Lara Croft ist für mich ganz klar die Frau des Jahres. Was sie alles erlebt, stellt 99% der sonstigen 3D-Spiele weit in den Schatten. Absolutes Highlight sind die Unterwassersequenzen.

Michael Galuschka, 15

Schreib was! Wer sagt was? Janina, Lars oder Michael?

a Tomb Raider ist besser als die anderen 3D-Spiele.
b Lara fährt nach London.
c Tomb Raider hat Unterwassersequenzen.
d Lara muss alle Gegner besiegen.
e Lara kann andere Routen nehmen.
f Lara muss schwimmen und tauchen.
g Tomb Raider ist ein Action-Adventure.

Erste Hilfe
der Gegner — the opponent
besiegen — to win against
in den Schatten stellen — put something in the shade

Aussagesätze

Wie heißt das auf Deutsch?

I think that he is nice and funny.
I get on well with my brother and my sister.
I don't get on with my parents.
My parents don't allow me to do that.
I wasn't allowed to watch TV for a week.
I was grounded for two days.
I had to pay for it myself.
My parents have forbidden me to play with my Playstation.
I listen to pop music.
I don't play an instrument.
I play guitar / piano / drums / flute / violin.
The singer has a good voice.
My favourite player is …
He is a goal keeper / forward / defender.
The cinema is showing a comedy.
I would like two tickets for…, please.
How much is a ticket for …?
I have a student card / a disabled card.

Wie heißt das auf Englisch?

Wie findest du deine Mutter / Schwester / deinen Vater / Bruder ?
Wie verstehst du dich mit deiner Mutter / Schwester?
Wie verstehst du dich mit deinem Vater / Bruder?
Was für Probleme gibt es mit deinen Eltern / Geschwistern?
Was für Musik gefällt dir?
Spielst du ein Instrument?
Wie heißt deine Lieblingsband / dein Lieblingsmusiker / deine Lieblingsmusikerin?
Was für Musik machen sie / macht er / sie?
Wie heißt deine Lieblingsmannschaft?
Wer ist dein Lieblingsspieler?
Wie ist seine Position? Welche Nummer …
Was gibt es heute im Kino / im Fernsehen?
Für welches Datum möchten Sie die Karten?

Einheit A — Immer nur lernen

Lernziele

In Unit 7A you will learn how to talk about
- *the school year, reports and marks*
- *your favourite subjects*
- *problems in school*

1 Lies den Cartoon und hör zu! Sitzen geblieben

Freitagabend...

Hallo Heinz! Es gibt Pizza!

Nein Danke.

Komisch. Pommes liebt doch Pizza…Ist er krank?

Später

Pommes? Ist alles in Ordnung?

Hm …

Hast du ein Problem?

Samstagmorgen

Sieh mal, Martin: Das ist ja Heinz Zeugnis.

Oh! Er ist sitzen geblieben!

Später am Tag

Wir wussten nicht, dass du Probleme in der Schule hast. Was war los?

Ach, ich habe zu viel geschwänzt.

Und was willst du jetzt machen?

Ich kann ja Nachhilfe nehmen …

Gute Idee! In den Ferien hast du ja viel Zeit!

Das geht nicht, weil ich für Bozen proben muss!

Du nimmst Nachhilfe, oder du fährst nicht nach Bozen!!!

Erste Hilfe

das Zeugnis	the end of year report
sitzen bleiben	to be kept back a year
geschwänzt	played truant
die Nachhilfe	private tuition

2 Fragen zum Cartoon

A Finde im Cartoon:
- Is everything okay?
- He has been kept back a year.
- problems at school
- What was the matter?
- I have played truant too much.
- I can have private tuition.
- Good idea!
- during the holidays

B Sag was! Fragen zum Cartoon
Beantworte die Fragen auf Englisch.
1 Why do Pommes' parents think he is ill?
2 What is Pommes' problem?
3 What did he do to cause this problem?
4 What does Pommes offer to do?
5 Why does he not want to do this in the holidays?

 Kulturtipp Schule in Deutschland

Das Schuljahr: Das deutsche Schuljahr beginnt im August oder September. Es gibt zwei Halbjahre. Das erste **Halbjahr** endet im Januar oder Februar. Das zweite Halbjahr endet im Juli oder August.

Die Ferien sind nicht überall gleich, aber alle Schulen haben Herbstferien, Weihnachtsferien, Osterferien und Sommerferien. Die Sommerferien sind sechs Wochen lang. In manchen Ländern gibt es auch Pfingstferien.

Das Zeugnis: In Deutschland gibt es kein großes **Examen** wie das GCSE oder den Standard Grade, aber es gibt zweimal im Jahr Zeugnisse, am Ende des ersten Halbjahres und am Ende des zweiten Halbjahres. **Das Zeugnis** am

Ende des zweiten Halbjahres ist sehr wichtig. Wenn die Noten zu schlecht sind, bleibt man sitzen. Das heißt, man muss die Klasse nochmal machen!

Die Noten: Die Schüler bekommen in allen Fächern Noten. Es gibt auch Noten für **mündliche Mitarbeit** für **Hausaufgaben** und für **Klassenarbeiten**. In vielen Fächern schreibt man drei bis vier Klassenarbeiten pro Halbjahr! Man muss also immer lernen, sonst hat man am Ende des Schuljahres ein schlechtes Zeugnis!
Hier sind die Noten:

sehr gut – 1; gut – 2; befriedigend – 3; ausreichend – 4; mangelhaft – 5; ungenügend – 6

3 Schreib was! Alles falsch!

Verbessere die Sätze:
a Das deutsche Schuljahr beginnt im Januar oder Februar.
b Es gibt drei Halbjahre.
c Die Ferien sind überall gleich.
d Es gibt einmal im Jahr Zeugnisse, am Ende des zweiten Halbjahres.
e Wenn die Noten zu schlecht sind, bleibt man zu Hause.
f Es gibt nur Noten für Hausaufgaben.

> **Erste Hilfe**
> das Schuljahr — the school year
> das Halbjahr — half a school year
> Pfingstferien — Whit(sun) holidays
> die mündliche Mitarbeit — speaking tests
> die Hausaufgaben — the homework
> eine Klassenarbeit schreiben — to sit a written test
> viel lernen — to study hard

4 Hör zu! Ferien in Berlin

Nils will Fernando in Berlin besuchen. Beantworte die Fragen auf Deutsch.
1 Was für Ferien gibt es in Berlin nicht?
2 Wie lange sind die Osterferien?
3 Wann beginnen die Osterferien?
4 Wann enden die Osterferien?

Vokabeltipp Das Schuljahr

Wann beginnt / endet dein Schuljahr?	When does your school year begin / end?
Mein Schuljahr beginnt / endet im …	My school year begins / ends in …
Wann hast du Ferien?	When are your holidays?
Ich habe im Oktober zwei Wochen Ferien.	I have got two weeks holiday in October.
Ich habe vom 1. April bis zum 14. April Ferien.	I have holiday from 1st April till 14th April.

HAUSAUFGABEN

Bekommst du viele Hausaufgaben?	Do you get a lot of homework?
Ich bekomme (nicht) viele Hausaufgaben.	I (don't) get a lot of homework.
Wie lange machst du pro Tag Hausaufgaben?	How long do you spend per day on your homework?
Ich mache pro Tag eine Stunde Hausaufgaben.	I spend an hour a day on my homework.
Musst du Klassenarbeiten in Mathe schreiben?	Do you have to sit written tests in Maths?

FREMDSPRACHEN

Was ist dein Lieblingsfach?	What is your favourite subject?
Mein Lieblingsfach ist …	My favourite subject is …
Welche Fremdsprachen lernst du?	Which foreign languages are you learning?
Ich lerne …	I'm learning …
Wie lange lernst du schon Deutsch?	For how long have you been learning German?
Ich lerne seit drei Jahren Deutsch.	I have been learning German for three years.

---

5   **Lies was! Ferientermine**

Hier sind die Ferientermine für einige Bundesländer Deutschlands und für Österreich.

Land	Ostern	Pfingsten*	Sommer	Herbst	Weihnachten
Bayern	9.4. – 21.4.	5.6. – 16.6.	26.7. – 10.9.	29.10. – 3.11.	22.12. - 5.1.
Sachsen	12.4. – 21.4.	2.6. – 5.6.	28.6. - 8.8.	8.10. – 19.10.	22.12. – 2.1.
Wien	7.4. – 17.4.	2.6. – 5.6.	30.6. – 1.9.	---	24.12. - 6.1.

---

6   **Partnerarbeit: Ferientermine**

Du wohnst in Bayern. Dein Partner wohnt in Wien oder Sachsen. Vergleicht eure Ferientermine. Wenn du die Monate vergessen hast, schau in die Grammatik-Übersicht am Ende des Buches.

Beispiel **A** *Wann hast du Osterferien?*
        B *Ich habe vom siebten April bis zum siebzehnten April Osterferien. Und du?*

7   **Sag was! Meine Hausaufgaben**

Mache Sätze!

Beispiel   20 Minuten *Ich mache für Mathe 20 Minuten Hausaufgaben.*

1 15 Minuten   **3** 10 Minuten

2 30 Minuten   **4** 0 Minuten

8   Lies was! Tinas E-Mail

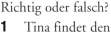

> **E-Mail**
>
> Unser neuer Französischlehrer ist echt blöd. Wir bekommen jeden Tag Hausaufgaben. Manchmal brauche ich fast eine Stunde nur für Französisch! Und dann muss ich noch für die anderen Fächer Hausaufgaben machen!!! Nächste Woche schreiben wir eine Klassenarbeit in Französisch. Ich hoffe, das klappt! Bis jetzt hatte ich immer gute Noten in Französisch. Wie ist dein Deutschlehrer?
> Deine Tina

Richtig oder falsch?

1 Tina findet den neuen Französischlehrer nicht nett.

2 Tina bekommt wenig Hausaufgaben für Französisch.

3 In den anderen Fächern braucht Tina nie Hausaufgaben zu machen.

4 In einem Monat schreibt Tina eine Klassenarbeit.

5 Tina hatte letztes Jahr keine Probleme mit Französisch.

Beantworte Tinas E-Mail.

● Beschreibe deinen (deine) Deutschlehrer(in).

● Schreibe wie viele / was für Hausaufgaben du pro Tag bekommst und was du für die nächste Klassenarbeit machen musst.

● Frage Tina, wann sie Herbstferien hat.

9   Hör zu! Eine Einladung

Milla ruft Lena an. Beantworte die Fragen auf Deutsch.

1 Wo ist Milla?

2 Warum kann Lena nicht kommen?

3 Wie findet Lena Englisch? Warum?

4 Wann wird Lena sich mit Milla treffen?

10   Clydeforth Language Centre!

Beantworte die Fragen auf Deutsch.

a Wo liegt das Clydeforth Language Centre?

b Was verstehst du unter der Philosophie des Lernens „rund um die Uhr"?

c Worauf liegt der Nachdruck?

d Was kann man außer dem Englischunterricht arrangieren?

e Welches Land hat das Golfspiel erfunden?

f Was für Unterkunftsmöglichkeiten bietet das Clydeforth Language Centre?

g Warum sind Gastfamilien bei Studenten sehr beliebt?

Das Clydeforth Language Centre liegt in 125 Acre Gärten nicht weit von Edinburg, der Hauptstadt von Schottland, entfernt.

Die Lehrer im Clydeforth Language Centre teilen die Philosophie des Lernens „rund um die Uhr". Sie haben Freude an ihrem Beruf und möchten Sie auch außerhalb des Unterrichts kennenlernen. Der Nachdruck liegt vorwiegend auf Sprechen und Zuhören - und Sie bekommen nur wenig schriftliche Hausaufgaben. So haben Sie mehr Zeit, die Pubs, Clubs, Theater, Film-Premieren, Konzerte, Cabarets usw. zu genießen.
Bei einem unserer Kurse besteht die Möglichkeit zum Golfspielen. Außer Ihrem Englischunterricht arrangieren wir für Sie Golfunterricht bei einem Profi und sorgen selbstverständlich dafür, dass Sie auf einem der wunderschönen Golfplätze in der Nähe viel Gelegenheit zum Üben haben. Die perfekte Art und Weise, sowohl ihr Englisch als Ihr Golfspiel zu verbessern in einem Land, das dieses Spiel erfunden hat!

Das Clydeforth Language Centre kann Ihnen eine große Auswahl an Unterkunftsmöglichkeiten anbieten. Es gibt Einzel- und Doppelzimmer mit eigenem Bad auf dem College-Gelände. In einer Pension kann Zimmer mit Frühstück arrangiert werden. Die Option unserer speziell ausgewählten Gastfamilien ist bei Studenten sehr beliebt, die wünschen, so viel Englisch wie möglich zu sprechen.

www.englisch-lernen.org

11 Hör zu! Schüleraustausch

Trish und Pommes telefonieren. Richtig (R), falsch (F) oder nicht im Text (?)

1 Trish fährt nächstes Jahr nach Deutschland.
2 Trish will nicht mehr Deutsch lernen.
3 Trish macht einen Austausch mit München.
4 Trish kann Pommes nicht besuchen.
5 Pommes möchte einen Austausch mit Trishs Schule machen.
6 Pommes findet Englisch schwierig.

> **Erste Hilfe**
>
> | der (Schüler)Austausch | the exchange |
> |---|---|
> | jemanden besuchen | to come and visit |
> | kommen | someone |
> | üben | to practise |
> | schwierig | difficult |

12 Hör zu! Parlez-vous français?

Pierre und Ina reden über Fremdsprachen. Fülle die Tabelle aus.

Name	Fremdsprache	Wie lange?
Ina	• Französisch	seit zwei Jahren
	•	
Pierre	•	

Grammatik

Adjektive

We have already seen that an ending must be added to the adjective if it is <u>before</u> the word it is describing. The ending depends upon whether the adjective follows the definite article (**der / die / das**) or the indefinite article (**ein / eine / ein**) and which case it is in:

eg. Ich sehe den alt**en** Mann.

(masculine and accusative, following the definite article)

Ein alt**er** Mann kommt um die Ecke.

(masculine and nominative, following the indefinite article)

Sometimes, as in English, we do not need to use any article:

blue sky – **blauer Himmel**   hot sun – **heiße Sonne**

warm water – **warmes Wasser**

As there is no article to show whether the noun is masculine, feminine, neuter or plural, the adjective has to do all the work itself:

	Masculine	Feminine	Neuter	Plural
Nom.	blau**er** Himmel	heiß**e** Sonne	warm**es** Wasser	schwarz**e** Schuhe
Acc.	blau**en** Himmel	heiß**e** Sonne	warm**es** Wasser	schwarz**e** Schuhe
Dat.	blau**em** Himmel	heiß**er** Sonne	warm**em** Wasser	schwarz**en** Schuhe**n**

Remember:

a) Adjectives add an ending when they go in front of the words they describe.

b) When there is no article before the adjective to tell you whether the noun is masculine, feminine, neuter, plural, nominative, accusative or dative, the adjective has strong **der / die / das** type endings.

Übung

Fülle die Lücken aus!

1 Ich habe immer lang__ Ferien im Sommer.
2 Intelligent__ Kinder bekommen oft gut__ Noten.
3 Schwierig__ Klassenarbeiten gibt es in Chemie oft.
4 Ich mache nicht gern französisch__ Hausaufgaben.
5 In Wien gibt es kurz__ Pfingstferien.
6 Modern__ Schulen mag ich nicht.
7 Interessant__ Physikunterricht ist bei unserem Lehrer selten.
8 Es gibt in Schottland nicht oft warm__ Wetter.

Vokabeltipp Meine Schule

Auf welche Schule gehst du?	Which school do you attend?
Ich gehe auf das Schiller-Gymnasium.	I attend the Schiller grammar school.
In welcher Klasse bist du?	Which class are you in?
Ich bin in der neunten Klasse.	I'm in year nine.
Beschreibe deine Schuluniform.	Describe your school uniform.
Ich trage eine graue Hose und ein weißes Hemd.	I wear a grey pair of trousers and a white shirt.
einen blauen Rock und eine gelbe Bluse.	a blue skirt and a yellow blouse.
einen grünen Blazer und eine schwarz-rote Krawatte.	a green blazer and a red and black tie.
Beschreibe deine Schule.	Describe your school.
Meine Schule ist groß / mittelgroß / klein.	My school is big / medium-sized / small.
alt / neu / modern / altmodisch.	old / new / modern / old-fashioned.
schön / hässlich.	beautiful / ugly.
Wie sind deine Lehrer?	What are the teachers like?
Meine Lehrer sind nett / unfreundlich / streng / gut / interessant / langweilig / lustig / locker / altmodisch.	My teachers are nice / unfriendly / strict / good / interesting / boring / funny / laid-back / old-fashioned.

13 Sag was! Drei Schüler

Was sagen sie? Mache Sätze.

Hanif (14) **Gesamtschule West** Klasse 9

Caitlin (13) **Berg-Gymnasium** Klasse 8

Robert (15) **Gesamtschule Stadtmitte** Klasse 10

14 Hör zu! Das Gymnasium Broich

Wie ist die Schule? Kreuze an.

Die Schule ist
groß / mittelgroß / klein / alt / neu / modern / altmodisch / schön / hässlich.

Die Lehrer sind
nett / unfreundlich / streng / gut / interessant / langweilig / lustig / locker / altmodisch.

Lerntipp Wie beschreibe ich eine britische Schule?

Es gibt viele verschiedene Schularten in Großbritannien, z.B. comprehensive schools, middle schools, high schools, grammar schools, etc.
Manche Schularten gibt es auch in Deutschland, Österreich oder in der Schweiz.
eg. comprehensive school heißt auf Deutsch **Gesamtschule**
Grammar School heißt **Gymnasium**.
Manche britischen Schularten gibt es in den deutschsprachigen Ländern nicht. Du kannst sagen:
- Ich gehe auf eine „Middle School". Das ist eine Schule für Schüler von 9 bis 12 Jahren.
- Ich gehe auf eine „High School". Das ist eine Art Gesamtschule für Schüler von 13 bis 16 oder 18 Jahren.
- Use the English word in inverted commas. Then explain briefly what kind of a school it is.

15 **Fragebogen: Schule**

Beantworte die Fragen auf Deutsch und vergleiche mit deinen Freunden.

1 Auf welche Schule gehst du?
2 Beschreibe deine Schule.
3 In welche Klasse bist du?
4 Was ist dein Lieblingsfach?
5 Wie sind deine Lehrer?
6 Beschreibe deine Schuluniform.
7 Wann beginnt dein Schuljahr?

8 Wann endet dein Schuljahr?
9 Wann hast du die nächsten Ferien?
10 Wie lange musst du pro Tag Hausaufgaben machen?
11 Welche Fremdsprachen lernst du?
12 Wie lange lernst du schon Deutsch?

Vokabeltipp **Probleme in der Schule**

Hast du in der Schule Probleme?	Have you got problems in school?
Ich habe Probleme *in Physik.*	I have problems in physics.
mit dem Französischlehrer.	… with my French teacher.
mit der Grammatik.	… with grammar.
mit den Vokabeln.	… with vocabulary.

Ich habe (in Mathe) schlechte Noten.   I have bad marks (in Maths).
Ich habe Prüfungsangst.   I suffer from exam nerves.
Ich verstehe die Grammatik nicht.   I don't understand the grammar.
Ich werde sitzen bleiben.   I'm going to be kept back a year.
Ich brauche Nachhilfe in Deutsch.   I need private tuition in German.

---

16 **Lies was! Probleme haben wir alle!**

E-Mail

Immer wenn ich lernen soll, habe ich keine Lust. Dann, vor der Arbeit, wird es immer schwierig mit der Zeit. Was kann man da machen?
Rosa Timmer (Gymnasium, Klasse: 7)

E-Mail

Ich gehe in die 9. Klasse des Gymnasiums. Seit diesem Schuljahr hat unsere ganze Klasse massivste Probleme im Englischunterricht. Im letzten Jahr hatten wir einen sehr jungen Lehrer. Da haben wir alle nur Quatsch im Unterricht gemacht und nicht sehr viel gelernt. Wir haben jetzt riesige Lücken. Es fehlt von den Vokabeln bis zur Grammatik. In unserem Schulbuch sind wir gerade mal bei Kapitel 2. Kannst du mir einige Tipps geben, wie ich diese Lücken so bald wie möglich schließen kann?
Stefan Lienberger (Gymnasium, Klasse: 9)

E-Mail

Ich bin vor einer Klassenarbeit immer soooo aufgeregt. Was kann ich tun, dass ich nicht so aufgeregt bin?
David Abel (Gesamtschule, Klasse: 7)

Erste Hilfe
riesige Lücken   massive gaps (in knowledge)

Wer ist das? Rosa, Stefan oder David?
a Wer hat Probleme mit einem jungen Englischlehrer?
b Wer will nicht lernen?
c Wer hat Angst vor Klassenarbeiten?
d Wer hat wenig gelernt?

17 **Schreib was! Ich habe Probleme in der Schule!**

Schreib eine E-Mail:

- Du hast Probleme im Deutschunterricht.
- Du hast nicht viel gelernt.
- Du hast riesige Lücken.
- Du bist bei Kapitel 2.
- Du brauchst einige Tipps!

18 **Lies was! Gute Noten macht Spaß!**

Gute Noten macht Spaß!

Preiswerte Nachhilfe und Hausaufgaben-Betreuung in Kleingruppen. Für alle Altersstufen, auch in deiner Nähe. Tel. 19 4 18, Mo.–Fr. von 15–17.30 Uhr sowie ganztags 0845 / 76 3 18 99 gebührenfrei!

25 Jahre

Schulhilfe

Lernen macht wieder Spaß

Beantworte die Fragen auf Englisch:

a Does this extra tuition sound expensive? Why (not)?

b Is the tuition in large or small groups?

c What sort of age range is catered for?

d Why would it be a good idea to ring the 0845 number?

e How much experience does this organisation have?

19 **Hör zu! Pommes hat Probleme!**

Englisch
Hausaufgaben
sitzen   Grammatik
Lehrer   langweilig
Zeugnis   Noten
faul   Nachhilfe

Pommes hat Probleme in der Schule. Er hat sein ____(1)____ bekommen und ist ____(2)____ geblieben. Er hat schlechte ____(3)____ in Mathe und in ____(4)____ In Mathe hat er Probleme mit dem ____(5)____. Der Lehrer ist sehr ____(6)____ In Englisch hat er Probleme mit der ____(7)____ und den Vokabeln. Pommes war im letzten Schuljahr sehr ____(8)____ Er hat seine ____(9)____ nicht gemacht und nicht gelernt. Jetzt braucht er ____(10)____

 www.

Nachhilfe

- http://www.nachhilfe.com/
- http://www.studienkreis.de/
- http://www.nachhilfe.at/
- http://www.lern1.at/
- http://www.nachhilfe-anna.de/

20 Lies was! Schule

Die Schule kann schön nerven! Lästige Lehrer, stressige Klassenarbeiten – und dazu Liebeskummer ohne Ende. Nur noch 16 Tage bis zum Abi. Für Markus (Daniel Brühl) und seine Clique läuft der Countdown. Bis der Ernst des Lebens beginnt, wollen sie Spaß haben. Aber das ist leichter gesagt als getan. Markus zeigt seiner Freundin Sandra (Jasmin Schwiers) die kalte Schulter, Sandra tröstet sich inzwischen mit ihrem neuen Flirt Stone (Niels Bruno Schmidt), und eine Party am See endet im totalen Chaos ...

A Finde im Text:

a stressful class tests

b until life begins in earnest

c that is easier said than done

d Markus gives his girlfriend Sandra the cold shoulder.

B Beantworte die Fragen auf Deutsch.

a Welche Probleme haben die Jungen in der Schule?

c Wie viele Tage sind es bis zum Abi?

d Was wollen die Jungen?

e Wie tröstet sich Sandra?

f Wie endet die Party am See?

21 Lies was! Liebesbrief für den Lehrer

In der Schule schrieb ich meinem Schwarm einen Liebesbrief, den ich in meine Jackentasche steckte, um ihm den Brief später zu geben. Nach der Stunde traf ich zufällig meinen Sportlehrer. Er fragte mich, ob ich eine Entschuldigung für die versäumte Sportstunde letzten Freitag hätte. Ich suchte in meinen Taschen nach der Entschuldigung, die mir meine Mutter geschrieben hatte, und gab sie ihm. Später wollte ich den Liebesbrief noch einmal durchlesen, fand aber in meiner Jackentasche nur die Entschuldigung. Ich hatte meinem Lehrer den Liebesbrief überreicht! Als ich mit hochrotem Kopf bei ihm erschien, um die Sache aufzuklären, fragte er mich lachend, ob ich das ernst meinte. Ich wäre am liebsten gestorben!

Johanna, 15

22 Beantworte die Fragen auf Deutsch

a Was hat Johanna ihrem Schwarm geschrieben?

b Wohin hat sie ihn gesteckt?

c Wen hat sie getroffen?

d Warum brauchte sie eine Entschuldigung?

e Wer hat die Entschuldigung geschrieben?

f Was hat sie ihrem Sportlehrer überreicht?

Einheit B   Geld verdienen

Lernziele

In Unit 7B you will learn how to talk about
- *part-time and full-time jobs*
- *what you want to do in the future*

---

1   Hör zu und lies! Die Nase voll

Pia:	Bekommst du Taschengeld von deinen Eltern, Naomi?
Naomi:	Ich bekomme nicht sehr viel Taschengeld. Und du?
Pia:	Ich auch nicht. Ich habe nie genug Geld.
Naomi:	Das verstehe ich! Ich suche einen Ferienjob, um Geld zu verdienen.
Pia:	Ja? Was willst du denn machen?
Naomi:	Ich möchte Nachhilfe geben, denn das macht mir Spaß. Willst du nicht auch Nachhilfe geben? Du bist doch gut in der Schule, Pia.
Pia:	Nein, danke! Ich habe auch die Nase voll von der Schule. Ich will etwas Praktisches machen und Geld verdienen.
Naomi:	Bist du sicher, Pia?
Pia:	Ja! Ich habe schon ein Praktikum gemacht – in einem typischen Männerberuf! Das war toll!
Naomi:	Ha, ha! Das ist typisch für dich, Pia!

Erste Hilfe

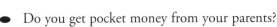

die Nase voll haben	to be fed up
etwas Praktisches	something practical
ein Praktikum	work experience
der Männerberuf	male-dominated profession

---

2   Finde im Cartoon

- Do you get pocket money from your parents?
- I don't get a lot of pocket money.
- I've never got enough money.
- I am looking for a holiday job.
- I enjoy doing that.
- I want to do something practical.
- Are you sure?
- I have already had some work experience.

3   Sag was! Fragen zum Cartoon

Beantworte die Fragen auf Deutsch.

a Wie viel Geld bekommt Naomi von ihren Eltern?
b Warum sucht Naomi einen Ferienjob?
c Was für einen Job sucht sie?
d Warum hat Pia keine Lust auf diesen Job?
e Was für einen Job sucht Pia?

Vokabeltipp   **Taschengeld**

Bekommst du Taschengeld?	Do you get pocket money?
Ich bekomme (kein) Taschengeld.	I (don't) get pocket money.
Wie viel Taschengeld bekommst du?	How much pocket money do you get?
Ich bekomme 20 Euro pro Monat.	I get twenty Euros per month.
Reicht das? *Das reicht (nicht).*	Is that enough? That is (not) sufficient.
Das ist zu wenig.	That is too little.
Das ist genug.	That is enough.
Was machst du mit deinem Taschengeld?	What do you do with your pocket money?
Ich kaufe mir (von meinem Taschengeld) …	I buy (with my pocket money)…
Ich bezahle (von meinem Taschengeld) …	I pay for (with my pocket money)…
Ich spare mein Taschengeld.	I save my pocket money.

---

4   **Lies was! Taschengeld ist für mich wichtig, weil …**

> … weil ich mir dann die Sachen kaufen kann, die ich will!
> **Lara aus Bern**

> … weil ich mir auch mal Sachen kaufen möchte, ohne um Geld bitten zu müssen.
> **Franziska aus Bremen**

> … weil ich dann unabhängig von meinen Eltern bin. Außerdem kann ich dann mehr Spaß mit meinen Freunden haben.
> **Mischa aus Linz**

5   **Wer sagt das?**

Lara, Mischa oder Franziska?

1   Ich brauche Taschengeld, um mit meinen Freunden Spaß zu haben.

2   Ich frage meine Eltern nicht gerne, ob ich Geld haben kann.

3   Ich möchte nicht von meinen Eltern abhängig sein.

4   Ich möchte die Sachen kaufen, die mir gefallen.

> **Erste Hilfe**
>
> *unabhängig sein*   to be independent
> *um Geld bitten*   to ask for money

6   **Hör zu! Mehr Taschengeld!**

Mehmet redet mit seinen Eltern. Beantworte die Fragen auf Deutsch.

1   Wie viel Taschengeld bekommt Mehmet im Monat?

2   Was ist Mehmets Problem?

3   Was macht Mehmet mit seinem Taschengeld? Nenne mindestens zwei Beispiele.

4   Wie kann Mehmet mehr Geld von seinen Eltern bekommen?

> **Wörterbuch**
>
> **Geld**
> In der Umgangssprache sagt man zum Beispiel „dough" für „money".
> Auf Deutsch sagt man für **Geld: Mäuse, Kohle, Piepen, Knete, Kröten.**
> Sieh im Wörterbuch nach. Was bedeuten diese Wörter noch?
>
> *Beispiel*   **Mäuse** = mice

Grammatik

Deutsche Sätze

A clause is a group of words which normally contains a subject and a verb.

There are two types of clause in German:

A   Main Clauses

Main clauses can be very short but can make sense without more words being added. In fact a sentence can consist of only one main clause:

eg. Heinz **bleibt** im Bett. Peter **spielt** Tennis.

Remember that in main clauses the verb is the second idea.

Main clauses are connected by means of the co-ordinating conjunctions we met earlier (**und; sondern; oder; denn; aber**), which leave the verb in second place.

B   Subordinate Clauses

Subordinate clauses don't make sense by themselves. They are often introduced by subordinating conjunctions and have the verb at the end:

eg. **Weil** er krank **ist** …
Wenn das Wetter gut **ist** …

The subordinating conjunction is used to join the subordinate clause to the main clause:

eg. Peter **spielt** Tennis, **wenn** das Wetter gut ist.

> **Pass auf!**
>
> Question words can also be used as subordinating conjunctions, and therefore send the verb to the end:
>
> **eg.** Er fragt, **warum** wir nicht **mitkommen**.
> Wir wissen, **wo** sie morgen **hinfahren**.

Remember – if the subordinate clause starts a sentence, then we have the VERB, VERB pattern in the middle:

eg. **Wenn** das Wetter gut **ist**, **spielt** Peter Tennis.

Übung

Join these pairs of sentences using the conjunction given:

1 beginning with the main clause
2 beginning with the subordinate clause, where possible.

To help you, the subordinate clause has been underlined.

Beispiel   Ich bin sehr glücklich. Ich habe morgen Geburtstag. (weil)

1 Ich bin sehr glücklich, weil ich morgen Geburtstag habe.
2 Weil ich morgen Geburtstag habe, bin ich sehr glücklich.

a Naomi gibt Nachhilfe. Ihr Taschengeld reicht nicht. (wenn)

b Mischa hat mehr Spaß. Sie ist unabhängig von ihren Eltern. (weil)

c Du kannst Nachhilfe geben. Du kannst etwas Praktisches machen. (oder)

d Er fragt. Reicht das? (ob)

e Pia will in einem Männerberuf arbeiten. Sie ist kein Mann. (obwohl)

---

7   **Rollenspiel: Mein Taschengeld**

Hier sind zwei Steckbriefe. Spiele mit einem Partner. Stellt Fragen und antwortet.

Margit

| Wie viel? | 30 Euro pro Monat |
| Was machst du …? | Freizeit / CDs / Disko |

Stefan

| Wie viel? | 25 Euro pro Monat |
| Was machst du …? | Computerspiele / Hobbys / Klamotten |

8 **Lies was! Die besten Online-Adressen für Jobs**

Mit etwas Geduld findet man im Internet vielleicht seinen Traumjob!

A www.arbeitsamt.de
Hier gibt's Angebote der Berufsberatung und Erfahrungsberichte von Schülern. Besonders interessant: der Link: **Was werden**.

B www.jobpilot.de
Hier könnt Ihr eure Traumlehrstelle sortiert nach Schulabschluss und den Regionen finden.

C www.jobrobot.de
Diese Suchmaschine durchforstet nicht nur die großen Jobsites, sondern auch zahlreiche spezialisierte Jobbörsen.

D www.jobline.de
Die Seite für Berufseinsteiger bei Jobline. Plus: Nützliche Tipps und den richtigen Einstiegsjob.

E www.jobsintown.de
Der Spezialist für regionale Stellenangebote: Entweder ihr bewerbt euch gleich online oder gebt selbst ein Stellengesuch auf.

Zu welchem Text passen die Sätze A, B, C, D oder E?

1 Du suchst deine Traumlehrstelle.

2 Du brauchst den richtigen Einstiegsjob.

3 Du brauchst Berufsberatung.

4 Du suchst spezialisierte Jobbörsen.

5 Du willst die regionalen Stellenangebote lesen.

Vokabeltipp **Jobs für Schüler**

Hast du einen Job?	Do you have a job?
Ich habe (k)einen Teilzeitjob / Ferienjob.	I (don't) have a part-time job / holiday job.
Was für einen Job hast du?	What kind of a job have you got?
Wo arbeitest du?	Where do you work?
Ich trage Zeitungen aus.	I deliver newspapers.
Ich babysitte.	I babysit.
Ich gebe Nachhilfe.	I give tuition.

Ich arbeite / helfe im Büro.   I work / help   in an office.

in einem Geschäft   in a shop
  / Restaurant / Café.   / restaurant/café.
in einer Fabrik.   in a factory.
zu Hause.   at home.

Wie oft arbeitest du?	How often do you work?
Ich arbeite zweimal pro Woche.	I work twice a week.
Wann arbeitest du?	When do you work?
Ich arbeite am Samstagabend.	I work on Saturday evening.

9 **Schreib was! Ferienjobs**

Job: _____   Job: _____   Job: _____   Job: _____

Wann? Montag / Freitag   Wann? Samstag   Wann? Freitagabend   Wann? Samstag / Sonntag

---

Zeitungen austragen
im Restaurant arbeiten
babysitten
Nachhilfe geben

10 **Partnerarbeit: Ferienjobs**

Arbeite mit einem Partner. Benutzt die Bilder und Notizen oben.
Stellt Fragen und antwortet.

> **Beispiel**   *Was für einen Ferienjob hast du?*   *Ich arbeite im Restaurant.*
> *Wann arbeitest du?*   *Ich arbeite zweimal pro Woche: am Montag und am Freitag.*

11 **Hör zu! Nadja und Fritz**

Nadja und Fritz reden über ihre Ferienjobs. Schreibe die Buchstaben in die Tabelle.
Was passt?

A   **B**   **C**   **D**   **E**

	Job?	Wann?
Nadja		
Fritz		

Taschengeld / Ferienjobs
- http://www.sozialnetz-hessen.de/Jugend
- http://www.ferienjobs4you.de/
- http://www.schuelerjobs.de/
- http://www.oscars.at/ferienjob_inserat.htm
- http://www.landau.de/kids/seiten/sjp/taschengeld.htm
- http://www.sozialnetz-hessen.de/moxbox/txeinm01.html

12   **Lies was! Ferienjob bei Micky Maus**

Disney

Disney World: Spaß pur

In Florida scheint immer die Sonne. In Disney World sind die Leute fröhlich. Und wer dort ein Jahr lang arbeitet, der macht genauso lange Urlaub – und bekommt auch Geld dafür. Wer in die USA will, muss gut Englisch sprechen und zwischen 18 und 27 Jahre alt sein. Die Disneyianer sind in Apartments untergebracht. Alle „kulturellen Repräsentanten aus Deutschland" tragen Kostüme: die Männer knappe Lederhosen, die Frauen Dirndl. Sie verkaufen Bierseidel, Trachtenpuppen, Kuckucksuhren. Oder sie kellnern in einem typisch bayerischen Biergarten in der Abteilung „Food and Beverages".

Erste Hilfe

untergebracht	housed
Bierseidel	beer tankard
Trachtenpuppe	doll in national dress
Kuckucksuhren	cuckoo clocks

Antworte die Fragen auf Deutsch:

a   Wie sind die Leute in Disney World?

b   Wenn man dort arbeitet, was macht man gleichzeitig?

c   Welche Sprache muss man sprechen, wenn man in die USA fahren will?

d   Wie nennt man die Leute, die in Disney World arbeiten?

e   Was müssen die deutschen „kulturellen Repräsentanten" tragen?

f   Was verkaufen diese deutschen „kulturellen Repräsentanten"?

Grammatik

Zu + infinitive

We have already seen that **um** … **zu** … mean "in order to":
eg. Ich suche einen Ferienjob, um Geld zu verdienen.
In English we can sometimes miss out the "in order":
*I am looking for a holiday job **to** earn some money.*

When we use the <u>modal</u> <u>verbs</u> and when we form the <u>future</u> <u>tense</u> we also have a second verb at the end of the sentence – in the <u>infinitive</u> form, ending in -n or -en:
eg. Ich muss mit der Band für Bozen **proben**!
     Ich werde morgen zu Hause **sein**.

There are other verbs and expressions, which need to use the word **zu** with an infinitive:
eg. Ich habe keine Lust, ins Kino zu gehen.
     I don't feel like going to the cinema.
     Wir brauchen nicht früh ins Bett **zu** gehen.
     We don't need to go to bed early.

Other verbs followed by an infinitive with **zu** are:
beginnen/anfangen – *to begin*; **beschließen** – *to decide*; **helfen** – *to help*; **vergessen** – *to forget*; **versuchen** – *to try*.

Pass auf!

If the infinitive of a separable verb is sent to the <u>end</u>, the **zu** goes between the prefix and the verb: eg. Ich helfe, die Wohnung auf**zu**räumen.

Übung

Use the verb in brackets to re-form the sentence with **zu** and an infinitive at the end:

> *Beispiel*   Ich trinke etwas. (keine Lust haben)
> *Ich habe keine Lust, etwas **zu trinken**.*

1   Sie spielen ihre Instrumente. (beginnen)
2   Du räumst dein Zimmer auf. (anfangen)
3   Er macht eine CD. (beschließen)
4   Ich finde den Weg. (helfen)
5   Mein Bruder schreibt den Brief. (vergessen)

13   **Lies den Cartoon und hör zu! Die Nachhilfelehrerin**

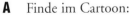

Erste Hilfe
das Freibad   the open-air swimming pool
Da ist sie schon!   There she is!

14   **Fragen zum Cartoon**

A Finde im Cartoon:
- in five minutes' time
- your new tutor
- That's not fair!
- I don't feel like it.
- I thought your name was Pommes.

B Sag was! Beantworte die Fragen auf Deutsch.
1 Was möchte Pommes machen?
2 Was machen Pommes' Freunde?
3 Beschreibe die Nachhilfelehrerin.
4 Kennt Naomi Heinz? Woher?

15   **Lies was! Au-Pair in Deutschland**

Beantworte die Fragen auf Deutsch.

a   Wie alt muss man sein, um mit Kindern zu arbeiten?

b   Wie lange könnte man in Deutschland bleiben?

c   Wie bekommt man mehr Information?

> Wenn Sie zwischen **18-25** Jahre alt sind,
> gerne mit **Kindern** arbeiten,
> gerne **6-12 Monate** als **AU-PAIR**
> in **Deutschland** verbringen möchten,
> sollten Sie sich bei uns bewerben !
> au-pairdeutsch@aup.com

Vokabeltipp   **Berufe**

Was für einen Beruf hat dein Vater / deine Mutter?	What kind of job does … have?
Er / Sie ist Lehrer(in).	He / She is a teacher.
Was ist dein Traumberuf?	What is your dream job?
Ich möchte Polizist(in) werden.	I would like to become a police officer.
arbeitslos	unemployed
Arzt / Ärztin	doctor
Bauer / Bäuerin	farmer
Beamter / Beamtin	an official, a civil servant
Geschäftsmann / Geschäftsfrau	a businessman / -woman
Fotomodell	model
Handwerker / Handwerkerin	tradesman, craftsman / -woman
Hausmann / Hausfrau	house-husband / -wife
Ingenieur / Ingenieurin	engineer
Krankenpfleger / Krankenschwester	nurse
Lehrer / Lehrerin	teacher
Manager / Managerin	manager
Musiker / Musikerin	musician
Polizist / Polizistin	policeman / -woman
Rentner / Rentnerin	pensioner
Schauspieler / Schauspielerin	actor / actress
Sekretär / Sekretärin	secretary
Sportler / Sportlerin	sportsman / -woman
Tierarzt / Tierärztin	vet
Verkäufer / Verkäuferin	shop assistant

Lerntipp   **Frauen im Beruf**

To make the female form you often just add **-in**:

Manager → Managerin
Polizist → Polizistin

Some jobs end in **-mann** and **-frau**:

Hausmann → Hausfrau
Geschäftsmann → Geschäftsfrau

16 Gruppenarbeit: Wer trägt das?

Zu welchem Beruf passen diese Dinge?

Beispiel **A** *trägt eine Geschäftsfrau oder eine Managerin.*

A   B   C   D   E   F

G   H   I   J   K   L

17 Gruppenarbeit: Typische Männerberufe – typische Frauenberufe

Traditionell hatten Männer technische und handwerkliche Berufe. Frauen hatten soziale Berufe.

● Mache eine Liste mit typischen Berufen.
● Ist das heute noch richtig? Diskutiere in einer Gruppe.

typische Männerberufe	typische Frauenberufe
• Mechaniker	• Krankenschwester
• …	• …

18 Lies was! Die Top Ten der Traumberufe

DIE TOP TEN DER TRAUMBERUFE

Das Deutsche Institut für Jugendforschung fragte **1000 Kinder** im Alter zwischen 6 und 14 Jahren danach, was sie einmal werden wollen.

MÄDCHEN

Beruf	%
Tierärztin	11,4
Ärztin	7,5
Krankenschwester	7,5
Lehrerin	6,7
Polizistin	3,9
Tierpflegerin	3,9
Model	3,1
Friseurin	3,1
Sängerin	2,9
Stewardess	2,9

JUNGEN

Beruf	%
Fußballspieler	14,5
Polizist	8,8
Pilot	5,5
Kfz-Mechaniker	4,9
Computer-berufe	4,1
Arzt	3,3
Tierarzt	2,6
Bankkaufmann	2,4
Lkw-Fahrer	2,4
Astronaut	2,2

Beantworte auf Deutsch!
a) Wie viel Prozent der Mädchen wollten Tierärztin werden?
b) Wie viel Prozent der Mädchen wollten Lehrerin werden?
c) Wie viel Prozent der Mädchen wollten Sängerin werden?
d) Wie viel Prozent der Jungen wollten Tierarzt werden?
e) Wie viel Prozent der Jungen wollten Lkw-Fahrer werden?
f) Wie viel Prozent der Jungen wollten Fußballspieler werden?
g) Wollten mehr Mädchen oder mehr Jungen Ärzte werden?

19   **Gruppenarbeit: Traumjobs**   ●●●

Mache eine Meinungsumfrage in deiner Klasse. Welche Traumjobs haben die Jungen und welche Traumjobs haben die Mädchen? Welche Jobs sind am populärsten?

20   **Lies was! Humor!**

Willi fragt seinen Schulfreund Fritz: „Weißt du eigentlich schon, was du einmal werden willst?" – „Das weiß ich", nickt Fritz, „ich werde einen Beruf finden, bei dem sich für mich die Leute in einer langen Schlange anstellen müssen. Und wenn ich dann endlich komme, werden alle froh sein." – „Also wirst du ein Rockstar?" – „Nee ... Busfahrer!"

a   What sort of a job does Fritz say he wants?
b   What job does Willi think he means?
c   What job does Fritz actually mean?

21   **Hörspiel: Matthias' Traumjob**

Beantworte die Fragen auf Englisch.
1   Why is Laura sad?
2   How does Matthias suggest they stay in touch?
3   What is his dream job?

Erste Hilfe

schade   a shame
das Austauschjahr   exchange year

Hallo!
Wie geht's? Mir geht's prima.
Ich habe einen Ferienjob. Ich helfe in einem Büro. Ich muss Fotokopien machen und Kaffee kochen. Ich arbeite zweimal pro Woche nach der Schule.
Meine Mutter arbeitet in dem Büro als Sekretärin. Sie hat mir geholfen, den Job zu finden.
Jetzt verdiene ich endlich mein eigenes Geld und kann mir die Computerspiele kaufen, die ich gut finde!
Hast du auch einen Job? Oder bekommst du genug Taschengeld?
Was für einen Job haben deine Eltern?
Tschüs,
Dein Paul

22   **Hörspiel: Laura**

Beantworte die Fragen auf Deutsch.
1   In welches Land will Laura fahren?
3   Was will sie dort machen?
3   Bei wem wird sie wohnen?

23   **Schreib was! Ein Brief**

Beantworte den Brief von deinem Brieffreund.
Du   Taschengeld? Ferienjob? Arbeit deiner Eltern?
Er   Wann ist Sommerferien? Wie lange?

24   **Spiel: Wortschlange**

Die Schlange hat Bauchschmerzen. Sie hat viele Leute gegessen. Welche Berufe kannst du finden? Die restlichen Buchstaben sagen dir, wer zu Hilfe kommt.

BAUERTHANDWERKERIEKRANKENSCHWESTERRENTNERINRLEHRERASPORTLERRZTVERKÄUFE

25 Lied: Tommys Lied

1

Ich frag' die süße Susi:
„Susi, magst du mich?"
Susi sagt, auf so'nen Blödmann
(Echo: Blödmann! Blödmann!)
auf 'nen Blödmann steht sie nicht.

Doch was Susi nicht weiß:
Ich werde Popstar!
(Echo: Popstar, Popstar)
Ich werde berühmt!
Ich werd' so groß wie Elvis!
Und alle Mädchen
sind nur in mich verliebt.

2

Ich frag' die hübsche Heike:
„Heike, magst du mich?"
Heike sagt, auf so'nen Blödmann
(Echo: Blödmann! Blödmann!)
auf 'nen Blödmann steht sie nicht.

Doch was Heike nicht weiß:
Ich werde Filmstar!
(Echo: Filmstar! Filmstar!)
Ich werde berühmt!
Ich bekomme einen Oskar!
Und alle Mädchen
sind nur in mich verliebt.

3

Da fragt die doofe Dora:
„Tommy, magst du mich?"
Ich sag, auf so'ne Zicke
(Echo: Zicke! Zicke!)
auf so'ne Zicke steh ich nicht.

Da sagt Dora: „Was du nicht weißt:
Ich werde Fotomodell!
Ich werde berühmt!
Ich werd' so schön wie die Schiffer!
Und alle Jungen
sind nur in mich verliebt."

Wer sagt was? Tommy, Susi, Heike oder Dora?

a Ich werde Popstar.

b Ich stehe nicht auf einen Blödman.

c Ich werde einen Oskar bekommen.

d Ich werde berühmt.

e Ich werde Fotomodell.

Erste Hilfe

der Blödmann — idiot
auf jemanden stehen — to fancy someone
Ich stehe nicht auf ... — I don't fancy ...
berühmt — famous
in mich verliebt — in love with me
die Zicke — stuck-up girl

Aussagesätze

Wie heißt das auf Englisch?

Wann beginnt / endet dein Schuljahr?

Wann hast du Ferien?

Bekommst du viel Hausaufgaben?

Wie lange machst du pro Tag Hausaufgaben?

Musst du Klassenarbeiten in Mathe schreiben?

Was ist dein Lieblingsfach?

Welche Fremdsprachen lernst du?

Wie lange lernst du schon Deutsch?

Auf welche Schule gehst du?

In welcher Klasse bist du?

Beschreibe deine Schule / deine Schuluniform.

Wie sind die Lehrer?

Bekommst du Taschengeld?

Wie viel Taschengeld bekommst du?

Was machst du mit deinem Taschengeld?

Was für einen Job hast du ? / Wo arbeitest du?

Was ist dein Traumberuf?

Wie oft / wann arbeitest du?

Was für einen Beruf hat dein Vater / deine Mutter?

Wie heißt das auf Deutsch?

I have got two weeks holiday in October.

I have got holiday from 1st April to 14th April.

I get a lot of homework.

I don't get a lot of homework.

I spend an hour a day on my homework.

My favourite subject is …

I have been learning German for three years.

_I attend _____ school._

I'm in year nine.

My school is big / medium-sized / small.

I wear a grey skirt / trousers / a white shirt.

My teachers are strict / interesting / boring.

I have problems in Physics / with the Physics teacher.

I have bad marks in Maths.

I don't understand the grammar.

I'm going to be kept back a year.

I need private tuition in German

I don't get pocket money.

I save / buy CDs with my pocket money.

I (don't) have a part-time job / holiday job.

Kapitel 8   Ferien

Einheit A   Pläne machen!

Lernziele

In Unit 8A you will learn how to say
- *you are going on holiday*
- *how you are going to travel*
- *what sights you will be visiting*

---

1   **Lies den Cartoon und hör zu! Bozen ist toll!**

Bei Pommes...

Ach, Frau Schuh, ich würde so gerne nach Bozen fahren!

Mach dir keine Sorgen! Ich habe eine Idee.

Später bei Yasemin zu Hause

Mama, du siehst müde aus. Wir sollten alle in den Urlaub fahren!

Ach Kind, wohin sollen wir fahren?

Wir könnten in die Berge fahren.

Südtirol ist ganz billig, und es ist sehr schön da!

Man kann dort wandern. Und es ist sehr ruhig. Du kannst dich dort wunderbar erholen, Mama.

Oh! Es gibt drei Seilbahnen. Und ein Freibad ... schön!

Sieh mal, Hassan! Das wäre ein schöner Urlaub für die Familie!

Ist es da teuer?

Nein, gar nicht!

Erste Hilfe

in den Urlaub fahren	to go on holiday
in die Berge	to the mountains
wandern	to go walking / rambling
sich erholen	to rest and relax

---

2   **Fragen zum Cartoon**

A Finde im Cartoon:
- I have an idea.
- We should all go on holiday.
- Where should we go?
- We could go to the mountains.
- It is very quiet there.

B Beantworte die Fragen auf Deutsch.
a Wohin will Yasemin fahren?
b Wer hat eine Idee?
c Wer sieht müde aus?
d Was kann man in Südtirol machen?
e Ist es da teuer?

Vokabeltipp — Urlaubsziele

Wohin fährst du in den Urlaub?	Where are you going on holiday?
Ich fahre nach Italien / Basel.	I am going to Italy / Basle.
in die Berge.	to the mountains.
an die See / ans Meer.	to the seaside.
Was ist dein Urlaubsziel?	What is your holiday destination?
Wo warst du im Urlaub?	Where were you on holiday?
Ich war in Italien / in Basel / in den Bergen / an der See / am Meer.	

Wie bist du in den Urlaub gekommen / gefahren?	How did you travel on holiday?	
Ich bin mit dem Auto / Schiff gefahren.	I travelled by car / ship.	
mit der Fähre	ferry.	**Pass auf!** mit + Dativ!
mit dem Zug	train.	
Ich bin mit dem Flugzeug geflogen.	I went by plane.	

WAS FÜR EIN URLAUB?

Was für einen Urlaub hast du gemacht?	What kind of a holiday did you go on?	
Ich habe einen Campingurlaub gemacht.	I went on a camping holiday.	**Pass auf!** haben + Akkusativ, sein + Nominativ
Was ist dein Traumurlaub?	What is your dream holiday?	
Mein Traumurlaub ist ein Reiterurlaub.	My dream holiday is a riding holiday.	

Sprachtipp

Wohin?

If you want to say where you are going, the word "to" can have different translations.

For towns and countries use:	**nach (nach Berlin / nach Frankreich)**
For some feminine countries you need:	**in die (in die Türkei / Schweiz / Niederlande)**
Some expressions are in the plural and also use:	**in die (in die Berge / in die Highlands)**
For some seas and rivers you need:	**an + Akk. (die Nordsee / das Mittelmeer / den Rhein)**

A
B
C

D
E
F

G
H
I

3 Hör zu! Ferienziele

Schreibe die richtigen Buchstaben auf.

	Ferienziel	Fahrzeug(e)
Olaf	C	
Elke		

4 **Sag was! Ferienziele**

Spiele mit einem Partner. Mache Fragen und Antworten.

Beispiel

A *Wo warst du im Urlaub?* **B** *Ich war in den Bergen.*
A *Wie bist du dahin gekommen?* **B** *Ich bin mit dem Auto gefahren.*

    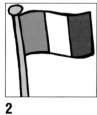
1   **2**

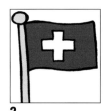     
3   **4**

5 **Gruppenarbeit: Traumurlaube**

Was passt zusammen?

ein Campingurlaub
Ferien auf dem
Bauernhof
eine Kreuzfahrt
ein Reiterurlaub
eine Safari
ein Skiurlaub
eine Städtereise
ein Strandurlaub
Wanderurlaub

A   **B**   **C**

D   **E**   **F**

G   **H**   **I**

6 **Lies was! Mein Traumurlaub**

Sieh dir die Bilder in Aufgabe 5 an. Was ist der Traumurlaub von diesen Leuten?

a Auf dem Bauernhof, da ist's lustig – mit Heuhüpfen, Brotbacken, Reiten ...

b Ich will immer die kunsthistorischen Aspekte einer Stadt kennen lernen!

c Der schönste Urlaub ist am Meer – Sonne und Strand – einfach toll!

d Reiten und Kutschenfahrten machen jeden Urlaub zum besonderen Erlebnis!

e Eine Idylle der Ruhe und Erholung – Wandern macht wirklich Spaß!

f Ich möchte nach Afrika fahren, um Elefanten und Löwen zu sehen!

g Ich will zu Weihnachten in die Bergen fahren – Schnee und Sonne – cool!

Was ist dein Traumurlaub? Vergleiche mit deinem Partner.

7 **Hör zu! Martina und Tarkan**

Beantworte die Fragen auf Deutsch.

1 Was für einen Urlaub hat Martina gemacht?

2 In welches Land ist sie gefahren?

3 Wie war das Wetter?

4 Was für einen Urlaub macht Tarkan im Herbst?

5 Was ist Tarkans Traumurlaub?

Vokabeltipp **Urlaubsaktivitäten**

Was machst du im Urlaub gern?	What do you like doing when you're on holiday?
Ich sonne mich gern.	I like sunbathing.
Was kann man in der Schweiz machen?	What can you do in Switzerland?
In der Schweiz kann man Ski fahren.	You can go skiing in Switzerland.

einen Ausflug machen	to go on a trip	*Rad fahren*	to go cycling
Berg steigen	to climb a mountain	*reiten*	to go riding
Boot fahren	to go boating	*Sehenswürdigkeiten ansehen*	to look at the sights
sich erholen	to relax	*Ski fahren*	to go skiing
ins Freibad gehen	to go to the open-air pool	*sich sonnen*	to sunbathe
einen Freizeitpark besuchen	to go to an amusement park	*eine Stadtrundfahrt machen*	to do a sightseeing tour of the town
im Meer schwimmen	to swim in the sea	*surfen*	to go surfing
ins Museum gehen	to go to the museum	*tanzen gehen*	to go dancing
		wandern	to go walking

8   **Sag und schreib was! Urlaub machen**

Was kann man hier machen? Mache Sätze.

Beispiel   *In Hafling kann man wandern.*

SARUTAL

Der schönste Urlaub und der nächste!

Hafling (Südtirol, Italien)

Riedenburg
(Altmühltal, Süddeutschland)

Insel Rügen (Nordostdeutschland)

9   **Lies was! Wohin sollen sie fahren?**

Sechs Jugendliche sagen, was sie gerne im Urlaub machen. Wohin sollen sie fahren? Nach Hafling (H), Riedenburg (R) oder auf die Insel Rügen (I)?

Ahmet:
Meine Hobbys sind Radfahren und Schwimmen.

Katharina:
Ich liebe Pferde. Ein Reiterurlaub ist mein Traum.

Paul:
Ich finde Urlaub in den Bergen gut. Ich liebe Bergsteigen und Wandern.

Janina:
Ich liebe das Meer. Am liebsten bin ich am Strand. Ich bade und sonne mich gern.

Robin:
Ich surfe gern. Segeln und Bootfahren interessiert mich auch.

Arabella:
Ich interessiere mich für Geschichte. Ich sehe mir im Urlaub gern Sehenswürdigkeiten an, zum Beispiel Burgen und Schlösser.

10 **Sag was! Und du?**

Was machst du gern im Urlaub? Wo möchtest du am liebsten Urlaub machen, in Hafling, in Riedenburg oder auf der Insel Rügen?

www. **Urlaubsziele**
Hafling:
● http://www.sudtirol.com/hafling/pag7-d.htm
Insel Rügen:
● http://www.insel-ruegen.de/
● http://www.ruegenmagic.de/
Altmühltal:
● http://www.altmuehltal.de/

 *Kulturtipp*

Hafling

Hafling ist ein kleines Dorf in Südtirol. Es liegt in der Nähe von Meran.

Das Dorf ist die Heimat der berühmten Haflingerpferde. Diese kleinen Pferde haben eine helle Mähne und einen hellen Schweif, aber hellbraunes Fell. Die kleinen Pferde sind besonders beliebt bei Kindern, können aber auch Erwachsene ohne Probleme tragen.

Rügen

Die Insel Rügen ist die größte Insel Deutschlands. Sie liegt in der Ostsee.

Die Küste der Insel ist 570 km lang. Kein Ort ist mehr als 7 Kilometer vom Wasser entfernt. Es gibt lange Sandstrände und traditionelle Badeorte mit schönen, alten Häusern. Das Wetter auf Rügen ist sehr mild und gesund. Rügen ist bekannt für seine weißen Kreideklippen. Deshalb vergleicht man die Insel oft mit Dover in England.

 *Vokabeltipp* **Sehenswürdigkeiten**

In unserer Stadt / Gegend gibt es viele Sehenswürdigkeiten.	There are many sights in our town / area.
Gäste können ... besichtigen.	Visitors can see...
die Altstadt / die Burg (Burgen) / das Schloß (die Schlösser) / das Museum (die Museen) / das Rathaus / den Dom / die Kathedrale	the old town / the castle / the castle, palace / the museum / the town hall / the cathedral
die Öffnungszeiten	the opening times
Das Museum ist von 9 bis 17 Uhr geöffnet.	The museum is open from 9 – 5.
Sonntags geschlossen.	closed on Sundays
für Rollstuhlfahrer geeignet	suitable for wheelchair access.
die Eintrittspreise	admission charge
Eintritt frei	free of charge
Erwachsene	adults
Kinder bis 10 Jahre	children up to 10 years of age
Schüler- / Studentenermäßigung	student reduction
Behinderte	disabled

11 **Lies was! Stadtführungen**

Stadtführungen
Treffpunkt: Waltherplatz 8

APRIL BIS OKTOBER

Dienstag, 9.30 Uhr
Rundgang zu historischen Häusern
der Bozner Altstadt
Dauer: ca. 2 Stunden
Kostenbeitrag: €4,10
(Feiertage ausgenommen)

Dienstag, 14.00 Uhr
Die Bozner Altstadt mit dem
Archäologiemuseum – Ötzi
Dauer: ca. 2 Stunden
Kostenbeitrag: €8,50

Mittwoch, 9.30 Uhr
Klassische Altstadtführung
Dauer: ca. 2 Stunden
Kostenbeitrag: €8,50
Sonderführungen an Feiertagen

Schloss Runkelstein, die Bilderburg
Jeden Tag (ausgenommen Montag)
Von 10.00-18.00 Uhr
(letzte Führung um 17.00 Uhr)
Vom 1.7.-30.9. von 10.00-20.00 Uhr
(letzte Führung um 19.00 Uhr)

St. Magdalena-Kirche
Di: 15.00-17.00 Uhr, Feiertage geschlossen.

Änderungen vorbehalten

A Finde im Text:
a Meeting place
b Length (of visit)
c Bank holidays
d approx.
e except
f last guided tour
g subject to alterations
h Tues.

B Beantworte die Fragen auf Deutsch.
a Maria liebt Kirchen. Wann kann sie die St Magdalena Kirche besuchen?
b Antonio will die historischen Häuser von Bozen sehen. Wann wäre das möglich?
c Wie viel kostet Antonios Führung?
d Es ist Montag. Sandra will mit ihren Kindern Schloss Runkelstein besuchen. Geht das?
e Es ist der 28.9. Wann kann man Schloss Runkelstein besuchen?
f Es ist Dienstag und Sandras Kinder wollen die Altstadt und den Ötzi sehen. Wann wäre das möglich?

12 **Hör zu! Radiowerbung**

Was gibt es in diesen Städten? Schreibe die Buchstaben.

A

B

C

D

E

F

Köln: [E] [ ] [ ]
Salzburg: [A] [ ] [ ]

13 **Projekt: Sehenswürdigkeiten bei uns**

Was für Sehenswürdigkeiten gibt es in eurer Stadt oder eurer Gegend? Was können Gäste bei euch machen?

● Sammelt Informationen und Bilder (z.B. von der Touristeninformation).
● Macht entweder ein Informationsblatt und Poster für deutsche Touristen, oder macht einen Werbespot fürs Radio für eure Stadt / Gegend.

Vokabeltipp **Postkarten**

Das Wetter ist sonnig / heiß / kalt / windig / schlecht.	The weather is sunny / hot / cold / windy / bad.
Es schneit / regnet.	It is snowing / raining.
Ich habe / wir haben einen Spaziergang gemacht.	I / We went for a walk.
einen Ausflug nach ...	I / We went on a trip to…
ein Picknick	I / We had a picnic.
eine Rundfahrt	I / We went on a tour.
nichts	I / We did nothing.

---

14 **Lies was! Eine Postkarte vom Mars**

Grüße vom Mars

Mars, den 23. Juli 2103

Lieber Felix,

mein Urlaub auf dem Mars ist prima! Die Reise mit der Rakete war sehr lang.

Hier ist es kalt und windig, aber es gibt viele Sehenswürdigkeiten. Wir haben gestern das Weltraummuseum besucht. Dort konnte man die ersten Marsraketen sehen.

Morgen machen wir einen Ausflug in die Berge. (Sie sind wirklich rot!!!)

Leider habe ich noch keine Marsmenschen getroffen.

Bis bald!

Deine Moni

15   **Schreib was! Eine Postkarte für Faule**

Fülle die Lücken aus und wähle, was du brauchst:

Liebe (r) _____ (*Name*)!
Ich bin in _____ (*Ferienort*).
Hier ist es   – cool!
                     - langweilig!
                     - anders als zu Hause.
Das Wetter ist   - fantastisch. Wir sonnen uns den ganzen Tag!
                     - wie zu Hause.
                     - furchtbar! Wenn es noch weiter regnet,
                       werde ich zum Fisch!
Gestern haben wir   - einen Ausflug nach ….(*Ort*) gemacht.
                     - nichts gemacht.
                     - Monopoli gespielt.
Hier gibt es   - ein interessantes Museum.
                     - einen schönen Strand.
                     - eine saubere Toilette.
Morgen   - gehe ich surfen.
                     - gehe ich Ski fahren.
                     - gehe ich Madonna in ihrer Villa besuchen.
Viele Grüße
Dein(e) _____ (*Name*)

16   **Schreib was! Postkarten**

Schreibe eine Postkarte **a)** vom Mond, **b)** vom Nordpol oder **c)** aus Hollywood.

● Wo bist du?   ● Was hast du gemacht?

● Wie gefällt es dir?   ● Was für Sehenswürdigkeiten gibt es?

● Wie ist das Wetter?   ● Was machst du morgen?

 **Kulturtipp   Touristeninformation**

In der Touristeninformation bekommst du
Informationen über eine Stadt oder Gegend.
Die Touristeninformation kann einen anderen
Namen haben, z.B. **Verkehrsverein** oder
Fremdenverkehrsbüro.

| **Einheit B** | **Unterkünfte buchen** |

 Lernziele

In Unit 8 B you will learn how to book accommodation in
- hotels
- campsites
- youth hostels

---

1   **Lies den Cartoon und hör zu! Nach Bozen.. ohne Yasemin (1)**

Pommes:	Nächste Woche fahren wir nach Bozen!
Pia:	Ich habe die Unterkunft gebucht.
David:	Prima, Pia! Wo wohnen wir?
Pia:	Wir wohnen auf dem Campingplatz. Ich habe einen Platz für zwei Zelte gebucht. Es gibt ein Schwimmbad auf dem Campingplatz!
David:	Prima!!!
Pia:	Schhh! Da kommt Yazzi! Sie darf die Prospekte vom Campingplatz nicht sehen, sonst ist sie traurig. Sie darf doch nicht nach Bozen fahren.
David:	Hallo, Yazzi!
Yasemin:	Hallo, Leute! Alles klar? Habt ihr schon alles für eure Fahrt nach Bozen geplant?

Erste Hilfe

die Unterkunft	accommodation
der Campingplatz	the camp site
die Zelte	the tents
geplant	planned

---

2   **Fragen zum Cartoon**

A   Finde im Cartoon:
- I have booked the accommodation.
- We will stay at a camp site.
- a space for two tents
- There is a swimming pool at the camp site.

B   Beantworte die Fragen auf Deutsch.
a   Wann fährt die Anstoß-Band nach Bozen?
b   Wer hat die Unterkunft gebucht?
c   Wo wohnen sie in Bozen?
d   Was gibt es da zu tun?
e   Warum wollen sie nicht über Bozen sprechen, wenn Yazzi hereinkommt?

Grammatik

Wann, wenn oder als?

There are three ways of saying "when" in German.

A **Wann** is a question word and is used whenever a question is asked, even if it's not a direct question:

eg. Wann kann man den Dom besuchen?
When can you visit the cathedral?
Ich weiss nicht, wann man ihn besuchen kann.
I don't know when you can visit it.

B **Als** is the word we use when we mean "when", referring to one event or period of time in the past:

eg. Als wir in Bozen waren, war das Wetter herrlich.
When we were in Bolzano the weather was magnificent.
Ich habe einen Spaziergang gemacht, als ich in Köln war.
I went for a walk when I was in Cologne.

C **Wenn** is used for all other meanings of the word "when", including "whenever":

eg. Wenn Pommes ankommt, fahren wir alle nach Bozen.
When Pommes arrives, we'll all go to Bolzano.

Wenn ich in Spanien bin, schwimme ich jeden Mo im Meer.
When(ever) I am in Spain, I swim every morning i

D **Wenn** can also mean "if":

eg. Wenn du Lust hast, können wir ins Kino gehen.
If you feel like it, we can go to the cinema.

Übung

Complete the sentence with **wenn**, **wann** or **als**:

1. _____ beginnt der Film?
2. Das Wetter war immer sehr warm, _____ ich in Portu
3. _____ er um die Ecke kam, sah er seine Freunde an Haltestelle.
4. Sie fragte, _____ der Zug in Bozen ankommen würde
5. Die Anstoß-Band war sehr froh, _____ sie in Bozen a
6. Es war schon 9 Uhr, _____ ich nach Hause kam.
7. _____ ich auf Urlaub bin, habe ich immer viel Spaß.
8. _____ die Sonne scheint, können wir morgen wander

Vokabeltipp **Was für eine Unterkunft?**

Was für eine Unterkunft hattet ihr / hattest du?	What kind of accommodation did you have?
Wo habt ihr / hast du übernachtet?	Where did you stay?
Wo werdet ihr / wirst du übernachten?	Where are you going to stay?

Ich bin / wir haben	*in einer Pension*	*übernachtet.*	in a guest-house
I / We have stayed	*in einem Hotel*		in a hotel
Ich werde / wir werden	*in einer Jugendherberge*	*übernachten.*	in a youth hostel
I / We are going to stay	*auf einem Campingplatz*		at a camp site
	in einem Wohnwagen		in a caravan
	in einem Zelt		in a tent

3　**Partnerarbeit: Unterkunft buchen**　　

Choose suitable accommodation from the selection on the following page for:

Family Bauer
- They can't afford an expensive hotel.
- They have children.
- They have a dog.
- They love swimming.

Family König
- Money is not a problem.
- Mr König will need access to the Internet.
- Mrs König likes saunas.
- They both like traditional décor.
- They do not smoke.

**** HOTEL GREIF

I-39100 Bozen
Waltherplatz
Tel. 0471 318000
Fax 0471 318148
E-mail: info@greif.it
Internet: www.greif.it
Direktion: Remigius M.J.Havlik
Plan: Nr. 4/G-4
Offen: I-XII
Zimmer: 33
Betten: 65
Jänner 2000 Wiedereröffnung des
Hotel Greif. 33 Zimmer, einige traditio-
nell, andere sehr modern, alle mit hoch-
wertiger Einrichtung. Zimmer mit
Sauna, Whirlpool, Klavier. Computer-
Arbeitsplatz, ISDN, Internet-Anschluss.
Eigens für das Greif erstellte Kunstwer-
ke verleihen jedem Zimmer eine gedie-
gene Atmosphäre.

*** BAGNI DI ZOLFO - SCHWEFELBAD

I-39100 Bozen
Moritzing 93
Tel. 0471 918412
Fax 0471 200311
E-mail: ksinger@tin.it
Fam. Geier Jakob
Plan: Nr. 8/AB-1
Offen: I-XII
Zimmer: 4
Betten: 10

September 2001:
Wiedereröffnung des Hotels

*** HOTEL ASTERIX

I-39100 Bozen
Mazziniplatz 35
Tel. 0471 273300
Fax 0471 260021
Fam. Ponteggi
Plan: Nr. 7/F-3
Offen: I-XII
Zimmer: 24
Betten: 52

Alle Kreditkarten werden
angenommen. TV-color.

** ALBERGO - GASTHOF S. GENESIO - JENESIEN

I-39050 Jenesien
Dorfstr. 33
Tel. 0471 354138
Fax 0471 354559
Fam. Gamper
Plan: Nr. 8/D-6
Offen: I-XII
Ruhetag: Dienstag
Zimmer: 8
Betten: 16

Familienbetrieb, gutbürgerliche
Küche. Seilbahn, Tennisplätze und
öffentliches Schwimmbad in
nächster Nähe.

** HOTEL REGINA A.

I-39100 Bozen
Rittnerstraße 1
Tel. 0471 972195/974099
Fax 0471 978944
E-mail: info@hotelreginabz.it
Internet: www.hotelreginabz.it
Plan: Nr. 26/H-5
Offen: I-XII
Zimmer: 37
Betten: 67

Gegenüber dem Bahnhof über dem
Central Parking, nur 300 m vom
Stadtzentrum entfernt. Gastfreund-
liche Zimmer mit Dusche, WC und
Farbfernseher. Aufzug, Minibar,
Frühstücksraum mit Buffet, Nacht-
portier-Service.

** PENSION REICHHALTER

I-39050 Jenesien
Afing 106
Tel. 0471 350030
Fax 0471 350030
Fam. Reichhalter
Plan: Nr. 7/F-3
Offen: I-XII
Zimmer: 10
Betten: 20

Familienbetrieb in sehr ruhiger,
sonniger Lage, Entfernung von
Abzweigung Afing: 8 km.
Eine gute Küche sorgt für Ihr
leibliches Wohl.

ZEICHENERKLÄRUNG

Hotel	Zimmer mit Bad/Dusche	Bar	Tennis	Zugänglich für Rollstuhlfahrer
Gasthof	Radio im Zimmer	Restaurant	Kinderspielzimmer	Bauernhof
Pension	Fernseher im Zimmer	Diätküche	Kinderspielplatz	Reitstall
Garni	Telefon im Zimmer	Frühstücksbuffet	Terrasse	Bogenschießen
Residence = Betrieb, der Unterkunft in Wohnung bietet	Safe im Zimmer	Zimmer mit Frühstück	Garten, Park	Kegeln
	Klimaanlage im Zimmer	Halbpension	Liegewiese	Konferenzräume
	Klimaanlage im Speisesaal	Vollpension	Hunde erlaubt	Speisesaal für Nichtraucher
	Lift	Freischwimmbad	Haustaverne	Nichtraucherzimmer
	Parkplatz	Sauna	Küchenbenutzung	Pianobar
	Überdachter Parkplatz	Solarium	Fahrradverleih	Aussichtspunkt
	Garage	Fitnessraum	Appartements	Umweltsiegel

4 Hör zu! Unterkunft in Wien

Robert und Simone planen einen Urlaub. Beantworte die Fragen auf Deutsch.

1 Wo will Simone übernachten?

2 Warum will Robert dort nicht übernachten?

3 Wo will Robert übernachten?

4 Wie findet Simone Robert's Idee?

Vokabeltipp **Camping**

Wir haben	*ein Zelt / zwei Zelte.*	one tent / two tents.
We have	*ein Auto / ein Wohnmobil.*	a car / a campervan.
	ein Motorrad / ein Fahrrad.	a motorbike / a bike.
	einen Hund.	a dog.
Sind Hunde erlaubt?		Are dogs allowed?

Wir möchten einen Zeltplatz / einen Wohnwagenplatz vom ... bis zum ... reservieren.

We'd like to reserve a space for a tent / a caravan from ... to ....

Was kostet das pro Tag / Woche / Person / Stellplatz?

How much is it per day / week / person / space?

Gibt es auf dem Campingplatz ...

	ein Restaurant	a restaurant
	einen Supermarkt	a supermarket
	Strom	electricity
	Duschen	showers
	ein Schwimmbad / Hallenbad	a swimming pool / an indoor pool
	einen Tennisplatz	a tennis court
	eine Diskothek?	a disco?

5 | **Lies was! Camping-Moosbauer**

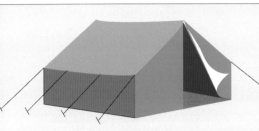

Herzlich willkommen
im Camping-Park mit der familiären Atmosphäre.

Wir bieten Ihnen eine gepflegte Anlage, ein beheiztes Schwimmbad mit schöner Liegewiese, komfortable Sanitäranlagen. Jeder Stellplatz ist mit Strom u.

TV-Sat-Anschluss, Frischwasser- und Abwasseranschluss ausgestattet.

Ein Mini-Market versorgt Sie mit dem Wichtigsten. Morgens Frühstück u. abends Grillgerichte im Self-Service auf unserer Terrasse (Öffnungszeiten: im September möglicherweise nur am Wochenende 8.00 - 10.00 / 16.00 - 22.00)
Busverbindung in die Stadt direkt vor dem Campingplatz.

PREISE	01.01. - 06.04. 21.04. - 30.06. 01.09. - 31.12. Euro	07.04. - 20.04. 01.07. - 31.08. Euro
Pro Person	4,38	5,16
Kinder 1-12 Jahre	3,35	4,13
Hund	2,58	3,10
Stellplatz: = 1 Auto + Caravan / Zelt / Wohnmobil	10,32	12,91
Motorrad	3,10	3,62
Zelt	4,13	4,64
Camper Service, wenn Sie nicht Campinggast sind	7,75	7,75
Miete: TV o. Elektrokabel-Adapter	pro Tag – 0,52	
Miete : Fernsehgerät	pro Tag – 5,16	

2 Wochen Aufenthalt - 1 Tg.\ 3 Wochen 2 Tg. GRATIS
Im Preis inbegriffen:
MwSt., Kurtaxe, Stromanschluss, Schwimmbad, Warmwasser + Wasser / Abwasseranschluss

Beantworte die Fragen auf Deutsch.

a Wie ist die Atmosphäre auf dem Camping Moosbauer?

b Wie ist jeder Stellplatz ausgestattet?

c Wann und wo bekommt man Grillgerichte?

d Wie kommt man in die Stadt?

e Wie viel kostet es für zwei Erwachsene, zwei Kinder und ein Zelt pro Tag im August?

f Wie viel kostet es für drei Personen, einen Hund und einen Stellplatz in September?

g Wie hoch ist die Miete eines Fernsehgeräts und Elektrokabel-Adapters pro Tag?

h Wenn man drei Wochen bleibt, was bekommt man gratis?

i Was ist im Preis inbegriffen?

Sprachtipp

Briefe schreiben

Remember when you write a formal letter in German you put the town and date in the top right hand corner:

You must remember to use the correct form of "Dear" and "you".

Newcastle, den 16. September

	Anrede	Nominativ	Akkusativ	Dativ	Possessiv	Gruß
Formal:	Sehr geehrter Herr Braun	Sie	Sie	Ihnen	Ihr	Ihr
one or more	Sehr geehrte Frau Heinemann					Ihre
person(s)	Sehr geehrte Damen und Herren					M.f.G.*

*M.f.G. = Mit freundlichen Grüßen

6　**Lies was! Ein Brief**

7　**Schreib was! Die Antwort**

Fülle die Lücken aus.

Pia Klein
Barbarastr. 34
D - 87044 Mainz

An Camping Moosbauer
Moritzinger Weg 83
I-39100 Bozen　　　　Mainz, den 20. Juni

Sehr geehrter Herr Moosbauer,

wir möchten gern einen Stellplatz für zwei Zelte vom 14. Juli bis zum 28. Juli reservieren.
Wir sind drei Personen. Wir kommen mit dem Zug.
Können Sie uns bitte schreiben, was das kostet?
Gibt es einen Bus nach Bozen in der Nähe und hat der Campingplatz Strom?

Mit freundlichen Grüßen

Pia Klein

　　　　　　　　　　　　Bozen, den 25. Juni

___(1)___ Frau Klein,

vielen Dank für Ihren ___(2)___ vom 20. Juni.
Wir haben für Sie einen Stellplatz für zwei Zelte ___(3)___.
Für 3 Personen und ___(4)___ kostet die Übernachtung 321.88 Euro, wenn Sie ___(5)___ bleiben. (Bei zwei Wochen ist ein Tag gratis.)
Auf ___(6)___ Campingplatz gibt es Strom, Fernsehen, ___(7)___ und einen Mini-Markt. Die Bushaltestelle ___(8)___ ist direkt vor dem Campingplatz.
Könnten Sie mir bitte ___(9)___ , um wie viel Uhr Sie in Bozen ankommen ___(10)___ ?
Wir freuen uns auf Ihren Besuch.

Mit ___(11)___ Grüßen

Maria Moosbauer

freundlichen	zwei Wochen	Brief　in die Stadt
reserviert	unserem	schreiben　werden　Liebe
zwei Zelte	ein Schwimmbad	

8 **Schreib was! Noch ein Brief**

Schreibe einen Brief an den Campingplatz Moosbauer.
- Du kommst mit deiner Familie vom 30.7. – 6.8.
- Ihr kommt im Wohnmobil.
- Ihr habt einen Hund. Erlaubt?
- Ihr braucht Strom und einen Supermarkt.

Vokabeltipp Unterkunft buchen

Was für ein Zimmer möchten Sie?	What kind of a room would you like?
Ich möchte / wir möchten ein Einzelzimmer	I / we would like a single room / a double room /
/ ein Doppelzimmer / ein Zimmer für drei Personen	a room for three with shower / a bath / a balcony.
mit Dusche / Bad / Balkon.	
Vollpension / Halbpension / Übernachtung mit Frühstück	full board / half board / bed and breakfast
Wie lange bleiben Sie?	How long are you planning to stay?
Wir bleiben für eine Nacht / zwei Nächte	We are going to stay for one night / two nights /
/ eine Woche / zwei Wochen.	one week / two weeks.
Wie viele Personen sind Sie?	How many are there of you?
Wir sind zwei Personen / zwei Erwachsene und ein Kind	There are two of us / two adults and one child /
/ zwei Kinder.	two children.
Könnten Sie mir *die Reservierung bestätigen?*	Could you confirm the booking?
eine Preisliste schicken?	send a price list?
eine Broschüre schicken?	send a brochure?
eine Wegbeschreibung schicken?	send instructions how to get there?
Zimmer frei / belegt	Vacancies / no vacancies

---

9 **Sag was! Zimmer buchen**

Buche diese Zimmer:

Beispiel   *Ich möchte ein Einzelzimmer für zwei Nächte, bitte.*

1

2

3

4

10 **Hör zu! Unterkunft in Bozen**

Was für eine Unterkunft bucht
Herr Akbar? Schreibe **a) b)** oder **c)**.

		a	**b**	**c**
1	Herr Akbar bucht	drei	vier	zwei Zimmer.
2	Die Zimmer sind	in einer Pension	in einem Hotel	in einer Jugendherberge.
3	Herr Akbar bucht Zimmer im Monat	Juni	Juli	August.
4	Es kommen	zwei Erwachsene und zwei Kinder	zwei Erwachsene und drei Kinder	zwei Erwachsene und vier Kinder.
5	Die Familie braucht	ein Doppelzimmer und ein 4-Bett-Zimmer	zwei 3-Bett-Zimmer	drei Doppelzimmer.
6	Das große Zimmer hat	eine Dusche	Fernsehen	einen Balkon.
7	Die Familie möchte	Vollpension	Übernachtung mit Frühstück	Halbpension.
8	Die Zimmer kosten insgesamt pro Tag	€130	€55	€75.

Unterkunft

Unterkunft	in Deutschland:	● http://www.top-unterkunft.de/
	in Österreich:	● http://www.mair.net/Verkehr/unterkunft1.htm
	in der Schweiz:	● http://www.unterkunft.ch/
Jugendherbergen	in Deutschland:	● http://www.djh.de/
	in der Schweiz:	● http://www.youthhostel.ch/
	in Österreich:	● http://www.oejhw.or.at/

11 Rollenspiel: Im Hotel

Spiele mit einem Partner.

Partner A

Du bist der Kunde / die Kundin.

1 Du möchtest ein Zimmer im Hotel für deine Familie buchen. Sind Zimmer frei?

3 Ihr seid zwei Erwachsene und ein Kind.

5 Ihr braucht ein 3-Bett-Zimmer, ein Doppel- und ein Einzelbettzimmer.

7 Ihr wollt eine Nacht bleiben.

9 Ihr möchtet Halbpension. Ihr möchtet eine Toilette und eine Dusche im Zimmer.

11 Preis?

Partner B

Du arbeitest an der Hotelrezeption.

2 Ihr habt Zimmer frei. Wie viele Personen?

4 Was für ein Zimmer?

6 Wie lange?

8 Vollpension?

10 Alle Zimmer haben ein Badezimmer.

12 Einzelzimmer: €40 pro Nacht

Doppelzimmer: €55 pro Nacht

Familienzimmer (3 Betten): €60 pro Nacht.

12 Lies was! In der Jugendherberge

E-Mail

Hallo Eva,

ich bin gerade mit meiner Schwester Karla in der Jugendherberge in Kufstein. Wie du siehst, gibt es sogar einen Computer mit Internet-Anschluss. So kann ich dir diese E-Mail schicken – cool!

Die Jugendherberge ist in einer Burg oben auf einem Berg. Man muss zwar ziemlich lange laufen bis man in der Stadt ist, aber sie ist sehr gemütlich. Es gibt ein Fernsehzimmer, eine Küche und viele nette Leute hier. Gestern habe ich ein paar Backpacker aus Australien getroffen!!!

Die Zimmer sind allerdings nicht so geil. Ich bin in einem 8-Bett-Zimmer. Die Betten sind schon alt und unbequem. Die Duschen und Toiletten sind auch nicht sehr modern. Manchmal gibt es nur kaltes Wasser – brrrr!

Das Blödeste ist, dass man um 10 Uhr die Jugendherberge verlassen muss und erst um 15 Uhr wiederkommen darf. Man muss also immer früh aufstehen! Das ist nichts für Karla – die schläft doch gerne lange!

Wie ist dein Urlaub? Ich schreibe morgen wieder!

Tschüs von Anke

Beantworte die Fragen auf Englisch.

1 Who is Karla?

2 What sort of accommodation is Anke staying in?

3 Describe where Anke's accommodation is situated.

4 Name at least three good things about the place where Anke is staying.

5 Name at least three bad things.

6 Why does Karla not like the accommodation?

Vokabeltipp Gepäck

Was für Gepäck haben Sie?				What sort of luggage do you have?
Ich habe	einen blauen Koffer	aus Plastik.		a blue suitcase made of plastic.
I have	einen roten Rucksack	aus Stoff.		a red backpack made of material / cloth.
	eine grüne Reisetasche	aus Synthetik.		a green travel bag made of synthetic fibre.
	eine schwarze Handtasche	aus Leder.		a black leather handbag.

Ich habe meinen Koffer eingepackt / verloren.	I have packed / lost my suitcase.
Was ist in Ihrem Koffer?	What's in your suitcase?
In meinem Koffer ist/sind (Nominativ) ...	In my suitcase I have ...

Wo ist die Gepäckaufbewahrung?	Where is the left-luggage office?
Wo sind die Schließfächer?	Where are the luggage lockers?
Wo ist das Fundbüro?	Where is the lost property office?
Ich brauche einen Kofferkuli.	I need a trolley.

---

13 **Lies was! In der Gepäckaufbewahrung**

Welches Gepäck passt zu welchen Beschreibungen? Notiere die richtigen Nummern.

Nummer: _____
grüner Rucksack

Nummer: _____
braune Reisetasche aus Leder

Nummer: _____
rosa Lederhandtasche und
oranger Regenschirm

Nummer: _____
großer, blauer Plastikkoffer

---

14 **Sag was! Gepäck**

Arbeite mit einem Partner. Benutzte das Bild oben.

Partner A

Du möchtest dein Gepäck abholen, aber du hast deinen Gepäckschein verloren.
Beschreibe dein Gepäck.

Partner B

Du arbeitest an der Gepäckaufbewahrung. Welche Gepäck-Nummer beschreibt dein
Partner?

15 Hör zu! Beim Fundbüro

Fülle das Formular aus.

Fundbüro Flughafen Düsseldorf

Name des Eigentümers: _____
Telefonnummer: _____
Flugnummer: _____
Verloren: _____
Beschreibung: _____
Inhalt: _____

16 Lies was! Ich fahre nicht ohne ...

Wir fragten sechs Personen, ohne welches Gepäck sie nicht in den Urlaub fahren würden.

Gerda Westermann

„Ich fahre nie ohne meinen Rucksack in den Urlaub. Der Rucksack ist so bequem! Man kann alles hineintun und er behindert mich nicht beim Gehen. Mein Schweizer Taschenmesser ist auch sehr nützlich."

Tobias Escher

„Ich packe meinen Diskman ein. Wenn ich lange reise, wird es mir ohne Musik einfach zu langweilig!"

Anette Wilms

„Ich habe immer eine Packung Kopfschmerztabletten und ein Paket Taschentücher in meiner Handtasche. Das kann man immer gebrauchen!"

Tim Wilhelm

„Meine Zahnbürste muss mit! Wenn ich die vergessen habe, bekomme ich eine Krise!"

Hanna Heinrichs

„Haargel und ein gutes Buch! Das muss einfach in den Koffer!"

Walter Korn

„Wir machen oft Campingurlaub. Ich habe immer Streichhölzer und eine Taschenlampe in der Tasche. Und natürlich darf beim Campen das Toilettenpapier nicht fehlen! "

Was nehmen sie mit in den Urlaub? Schreibe die Buchstaben auf.

Gerda Westermann   B   ☐
Tobias Escher   ☐
Anette Wilms   ☐ ☐
Tim Wilhelm   ☐
Hanna Heinrichs   ☐ ☐
Walter Korn   ☐ ☐ ☐

A  B C D  E  F

G  H 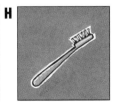 I  J  K

17 Spiel: Ich packe meinen Koffer ein

Der erste Spieler sagt: „Ich packe meinen Koffer ein und ich packe … ein." (Nenne einen Gegenstand)

Der zweite Spieler wiederholt und nimmt noch einen Gegenstand mit: „Ich packe meinen Koffer ein. Ich packe (erster Gegenstand) und (zweiter Gegenstand) ein."

Der dritte Spieler wiederholt alles und nimmt noch einen Gegenstand mit: „Ich packe meinen Koffer ein. Ich packe (erste Gegenstand) und (zweiter Gegenstand) und (dritter Gegenstand) ein."

Und so weiter. Wie viele Gegenstände könnt ihr euch merken?

Pass auf!

Ich packe + Akkusativ …. ein.

18 Lies den Cartoon und hör zu! Nach Bozen … ohne Yasemin (2)

19 Fragen zum Cartoon

A Finde im Cartoon:
1 a travel bag
2 surprise!
3 We have booked a guest house in Bolzano.
4 We are coming too.
5 Yippee!

B Beantworte die Fragen auf Deutsch.
a Warum ist die Band traurig?
b Wer kommt als Letzte mit ihrer Familie an?
c Was hat die Familie gebucht?
d Was kann die Band jetzt machen?

20 | **Lied: Urlaub!**

Komm, fahr mit mir nach
  Jamaika,
und hör dir den Reggae an.
Wir sind den ganzen Tag am
  Strand
und haben Fun-Fun-Fun!

Komm, fahr mit mir nach New
  York City,
denn da ist was los!
Wir machen eine Stadtrundfahrt,
den New York ist so groß!

Komm, fahr mit mir auf den
  Bauernhof,
da können wir wandern geh'n.
Wir steigen auf den höchsten
  Berg,
können tausend Kühe seh'n!

Refrain: *Schluss jetzt mit dem Arbeiten!*
Ich hab' gelernt das ganze Jahr!
Doch jetzt habe ich Ferien -
Der Urlaub, der ist da!
URLAUB!

Fragen zum Lied

Wo will der Sänger **keinen** Urlaub machen?

A   B  C   D   E   F

Aussagesätze

Wie heißt das auf Deutsch?

I am going to Italy.
I am going to the seaside.
I was in the mountains.
I travelled by car / ship / train.
I like sunbathing.
There are many sights in our town / area.
The museum is open from 9 – 5.
It is closed on Sundays.
The weather is sunny / hot / cold / windy / bad.
I went for a walk.
We are going to stay in a youth hostel.
We would like to reserve space for a tent.
Is there a restaurant on the campsite?
I would like a single room / a double room.
We would like full board / bed and breakfast.
We are going to stay for one night / three nights.
I have a brown suitcase.

Wie heißt das auf Englisch?

Wohin fährst du in den Urlaub?
Was ist dein Urlaubsziel?
Wo warst du im Urlaub?
Wie bist du in den Urlaub gekommen / gefahren?
Was für einen Urlaub hast du gemacht?
Was ist dein Traumurlaub? Mein Traumurlaub ist ...
Was machst du im Urlaub gern?
Was kann man in Berlin machen?
Was für eine Unterkunft hattet ihr / hattest du?
Wo habt ihr / hast du übernachtet?
Wo werdet ihr / wirst du übernachten?
Was für ein Zimmer möchten Sie?
Wie lange bleiben Sie?
Wie viele Personen sind Sie?
Was für Gepäck haben Sie?

Grammatik *A quick reminder:*

1   Endings

a   Endings with ein / eine / ein / kein and the possessives:

Case	Masculine	Feminine	Neuter	Plural
Nom.	ein schöner Garten	eine kleine Garage	ein großes Haus	keine alten Häuser
Acc.	einen schönen Garten	eine kleine Garage	ein großes Haus	keine alten Häuser
Dat.	einem schönen Garten	einer kleinen Garage	einem großen Haus	keinen alten Häusern

Possessives (mein, dein, sein, ihr, Ihr, unser, euer, ihr):

Masculine: the same endings as **ein**

Case								
Nom.	mein	dein	sein	ihr	Ihr	unser	euer	ihr
Acc.	meinen	deinen	seinen	ihren	Ihren	unseren	eueren	ihren
Dat.	meinem	deinem	seinem	ihrem	Ihrem	unserem	euerem	ihrem

Feminine: the same endings as **eine**

Case								
Nom.	meine	deine	seine	ihre	Ihre	unsere	euere	ihre
Acc.	meine	deine	seine	ihre	Ihre	unsere	euere	ihre
Dat.	meiner	deiner	seiner	ihrer	Ihrer	unserer	euerer	ihrer

Neuter: the same endings as **ein**

Case								
Nom.	mein	dein	sein	ihr	Ihr	unser	euer	ihr
Acc.	mein	dein	sein	ihr	Ihr	unser	euer	ihr
Dat.	meinem	deinem	seinem	ihrem	Ihrem	unserem	euerem	ihrem

Plural: the same endings as **die**

Case								
Nom.	meine	deine	seine	ihre	Ihre	unsere	euere	ihre
Acc.	meine	deine	seine	ihre	Ihre	unsere	euere	ihre
Dat.	meinen	deinen	seinen	ihren	Ihren	unseren	eueren	ihren

b   Endings with der / die / das:

Case	Masculine	Feminine	Neuter	Plural
Nom.	der schöne Garten	die kleine Garage	das große Haus	die alten Häuser
Acc.	den schönen Garten	die kleine Garage	das große Haus	die alten Häuser
Dat.	dem schönen Garten	der kleinen Garage	dem großen Haus	den alten Häusern

Dieser (this), **jeder** (each, every), **mancher** (many a, some), **welcher?** (which?) have the same endings as **der / die / das / die**
eg.   **Jeden** Montag fahre ich in die Stadt.

c   Endings of adjectives used without an article:

Case	Masculine	Feminine	Neuter	Plural
Nom.	schöner Garten	kleine Garage	großes Haus	alte Häuser
Acc.	schönen Garten	kleine Garage	großes Haus	alte Häuser
Dat.	schönem Garten	kleiner Garage	großem Haus	alten Häusern

2 Comparison of adjectives

Comparative

In German, add **–er** to the adjective to form the comparative:

e.g. intelligent: intelligent**er**

Some short adjectives add an umlaut to the vowel in the comparative form:

e.g. kalt: k**ä**lter   alt: **ä**lter   groß: gr**ö**ßer   jung: j**ü**nger

When we compare things or people in German we can use the word **als** for than:

e.g. Ich bin älter **als** David.

Comparatives are adjectives and the appropriate ending must be added **after** the **-er** when it is placed **before** the noun it is describing:

e.g. Die Band will einen neuer**en** Look.   The band wants a newer Look.

Haben Sie ein kleiner**es** T-Shirt?   Have you got a smaller T-shirt?

Superlative

In German we add **-st** to the adjective or **-est** if the adjective ends in **-t** or a vowel:

e.g. klein: klein**st**   langsam: langsam**st**
       lang: läng**st**   intelligent: intelligent**est**.

Like the comparative, if the superlative comes **before** the noun it's describing, it has to add the adjective ending **after** the **-(e)st**:

e.g. Die Band will den neuest**en** Look.   The band wants the latest look.

Ich nehme das klein**ste** T-Shirt.   I'll take the smallest T-shirt.

The most common exceptions are **gut** and **viel** which change as follows:

gut	**besser** (comparative)	**best** (superlative)
viel	**mehr**	**meist**

3 Verbs

Present Tense

a   Weak Verbs

wohnen	**(to live)**
ich wohn**e**	I live
du wohn**st**	you live (to one person you call by his / her first name)
er wohn**t**	he, it lives (for a masculine word)
sie wohn**t**	she, it lives (for a feminine word)
es wohn**t**	it lives (for a neuter word)
wir wohn**en**	we live
ihr wohn**t**	you live (to more than one person you call by their first names)
Sie wohn**en**	you live (polite, for older people you don't know)
sie wohn**en**	they live

Verbs which end in **-ten**, **-den** or **-nen** add an extra **-e-** before the -t and **-st**:

e.g. **arbeiten**: Er arbeit**et**.
       finden: Du find**est** das komisch.

warten (to wait), **regnen** (to rain), **antworten** (to answer), and **kosten** (to cost) change like **arbeiten**.

b   Strong Verbs

Strong verbs are irregular and have to be learned separately. Some verbs add an umlaut, some change a key vowel:

e.g.	**fahren**	du f**ä**hrst	er/sie/es f**ä**hrt	to travel / go
	helfen	du h**i**lfst	er/sie/es h**i**lft	to help
	sehen	du s**ie**hst	er/sie/es s**ie**ht	to see
	geben	du g**i**bst	er/sie/es g**i**bt	to give

Some common strong verbs: **halten** (to stop), **laufen** (to walk), **schlafen** (to sleep), and **waschen** (to wash), **essen** (to eat), **geben** (to give), **helfen** (to help), **nehmen** (to take), **treffen** (to meet), **vergessen** (to forget), **werfen** (to throw), **lesen** (to read)

c   Irregular verbs

The two most commonly used irregular verbs are **haben** and **sein**:

haben (to have)

ich habe	I have	**wir haben**	we have
du hast	you have	**ihr habt**	you have
er, sie, es hat	he, she, it has	**sie haben**	they have
		Sie haben	you have

sein (to be)

ich bin	I am	**wir sind**	we are
du bist	you are	**ihr seid**	you are
er, sie, es ist	he, she, it is	**sie sind**	they are
		Sie sind	you are

d   Separable verbs

e.g. **auf**wachen   to wake up
     fernsehen   to watch television

Remember the prefix **separates** from the verb and **goes to the end**:
e.g. David **steht** um 7 Uhr **auf**.

e   Inseparable verbs

Inseparable verbs begin with the prefixes **be-**, **ver-**, **er-**, **ent-**, **zer-**, **emp**, **miss-**, and **ge-**.
e.g. Italienische Imbissbuden **verkaufen** Pizza.

f   Reflexive Verbs

mich, **dich**, **sich**, **uns** and **euch** are reflexive pronouns.
e.g. Wann wäschst du **dich**?
     Wäschst du **dich** im Badezimmer?
     Ich wasche **mich**.
In the examples **mich** is the **reflexive pronoun**. Each part of the verb has its own reflexive pronoun:

ich	**mich**	wir	**uns**
du	**dich**	ihr	**euch**
er/sie/es	**sich**	Sie	**sich**
		sie	**sich**

g   Modal verbs

Modal verbs are very often used with another verb, which ends in **-n** or **-en** and goes to the end.
     können (to be able to, 'can')
     müssen (to have to, 'must')
     wollen (to want to)
     mögen (to like)
     sollen (to be supposed to, to be meant to, to be due to),
     dürfen (to be allowed to, 'may')

Note: You do not need to use **zu** with these verbs
e.g. Du **mußt** im Haushalt **helfen**.

Note: A very useful form of **mögen** is **ich möchte** – I would like
e.g. **Ich möchte Tennis spielen**.

h   Impersonal Verbs

Some verbs are impersonal – the subject of the verb is **es** instead of a particular person.

regnen (to rain)	**es regnet**	it's raining
schneien (to snow)	**es schneit**	it's snowing
hageln (to hail)	**es hagelt**	it's hailing
donnern (to thunder)	**es donnert**	it's thundering
blitzen (to flash – lightening)	**es blitzt**	there is a flash of lightening
Leid tun (to be sorry)	**es tut mir Leid**	I'm sorry
gefallen (to like / appeal to)	**es gefällt mir**	I like it / it appeals to me
schmecken (to taste)	**es schmeckt mir gut**	It tastes good to me
gehören (to belong to)	**es gehört mir**	It belongs to me

Also:
Es gibt is the equivalent to 'there is' or 'there are', and is followed by the accusative:
e.g. **Es gibt** ein**en** Flughafen in Stuttgart.

Wie geht's dir?	**Mir geht's gut.**	I'm fine.
How are you?	**Mir ist kalt.**	I'm cold.
	Mir ist warm.	I'm warm.

i   zu + Verben

We use **zu** with many verbs:
e.g. Hast du Lust, Tennis **zu spielen**?
     Ich habe keine Lust, ins Kino **zu gehen**.

If a **separable** verb stands at the end of the sentence, the **zu** is placed between the prefix and the verb:
e.g. Ich habe keine Lust, früh auf**zu**stehen.

When we use the **modal verbs** there is no **zu** in front of the infinitive.
e.g. Ich muss mit der Band für Bozen **proben**!

Um … zu …

um … zu means 'in order to'.
e.g. Man muß sehr intelligent sein, **um** Professor **zu** werden.
If we are using a separable verb, we have to put the zu between the two parts of the verb:
e.g. Wir müssen früh aufstehen, **um** rechtzeitig in der Schule an**zu**kommen.

j   Verbs + Dative

Some verbs that we will meet will inevitably involve the use of the **dative case**.

erzählen – to tell/relate (to)   **schenken** – to give (as a present) (to)

geben – to give (to)	**schreiben** – to write (to)
sagen – to say (to)	**bringen** – to bring (to)
zeigen – to show (to)	**schicken** – to send (to)

e.g. Claudia erzählt es **ihrer Freundin**.   Claudia tells her friend (to her friend).

Ich gebe **dir** ein Buch.   I'm giving (to) you a book.

k   Imperative

a   The **du** form. Take the **du** form of the verb in the present tense and take off the **-st** ending:

e.g. du gehst – **geh**!   du gibst – **gib**!

Verbs that add an umlaut in the **du** form drop it again in the imperative:

e.g. du schläfst – **schlaf**!

b   The **ihr** form. Take the **ihr** form of the verb in the present tense:

e.g. ihr geht – **geht**!

c   The **Sie** form. Take the **Sie** form of the verb in the present tense. Turn the verb and **Sie** around.

e.g. Sie bleiben – **Bleiben Sie**!

The verb **sein** is different:

Sei gut!   be good!   (du form)
Seid gut!   be good!   (ihr form)
Seien Sie gut!   be good!   (Sie form)

Separable verbs send the prefix to the end:
e.g. Steh um sechs Uhr **auf**!

Reflexive verbs have the reflexive pronoun after the verb:
e.g. Setzt **euch**!

Perfect Tense

The perfect tense consists of two parts:
The verb **haben** or **sein** + **the past participle** in German
e.g. David **hat** ein Foto **gemacht**.   David has taken a photo.

a   Verbs with haben

Most verbs use haben in the perfect tense.
haben – to have

ich habe	wir haben
du hast	ihr habt
er / sie / es hat	Sie sie haben

e.g. Pia **hat** den ganzen Abend **getanzt**.   Pia (has) danced all evening.

b   Weak Verbs

Past participles begin with **ge-** and end in **-t**.
e.g. **geschmeckt** (schmecken); **gemacht** (machen); **getanzt** (tanzen)

c   Strong Verbs

Past participles of **strong verbs** normally end in **-en**.
e.g. **gegessen** (essen); **geschlafen** (schlafen)

d   Verbs with sein

sein – to be

ich bin	wir sind
du bist	ihr seid
er / sie / es ist	Sie / sie sind

e.g. Wir **sind** nach Berlin **gekommen**.   We have come to Berlin.

Most verbs that use **sein** to form their perfect tense are verbs expressing motion or movement. They are identified in the verb table by an asterisk *.

Note

a   There are two common verbs which are not verbs of movement, but which use sein to form their perfect tense:
gewesen* (sein); **geblieben** (bleiben)

b   Verbs ending in **-ieren** do **not** have **ge-** at the beginning of the past participle:
telefoniert (telefonieren); **passiert** (passieren).

c   Inseparable verbs **never** separate, and are always written as one word.

In the perfect tense, inseparable verbs do **not** add **ge-** at the beginning of the past participle:

bekommen (bekommen); **gefallen** (gefallen); **besucht** (besuchen).

d **Separable verbs** also have two parts, which are sometimes written as one word. The past participle of a separable verb has the **-ge-** between the two parts of the verb:

angekommen* (ankommen); **eingeladen** (einladen); **eingekauft** (einkaufen);

*also uses **sein** to form the perfect tense.

Imperfect Tense

This is mainly restricted to written German and is not used as much as the perfect tense. You will find the imperfect tense more in books, stories, reports and newspapers.

sein (to be)

ich war	I was	wir waren	we were
du warst	you were	ihr wart	you were
er / sie / es war	he / she / it was	Sie / sie waren	you were

haben (to have)

ich hatte	I had	wir hatten	we had
du hattest	you had	ihr hattet	you had
er / sie / es hatte	he / she / it had	Sie / sie hatten	you had

a **Weak Verbs**

The imperfect tense of weak verbs is easy. You add weak verb endings: **-te**, **-test**, **-te**, **-ten**, **-tet**, **-ten**, **-ten** to the **stem** of the verb

e.g. **machen** (to make, to do)

ich machte	wir machten
du machtest	ihr machtet
er / sie / es machte	Sie / sie machten

Some verbs have to add an extra **-e-** before the endings to make them easier to pronounce:

ich arbeitete (I worked); ich wartete (I waited); ich redete (I spoke); ich antwortete (I answered).

b **Strong Verbs**

Strong verbs have irregular imperfect tense stems, which have to be learned separately.

To the stem we add the **strong verb endings**: **-**, **-st**, **-**, **-en**, **-t**, **-en**, **-en**

e.g. kommen – **kam**

ich kam	wir kam**en**

du kam**st**	ihr kam**t**
er/sie/es kam	Sie/sie kam**en**

c **Mixed Verbs**

These are verbs which have irregular stems, but which use the weak verb endings!

haben – ich **hatte**; denken – ich **dachte**; wissen – ich **wusste**.

d **Modal Verbs**

The imperfect tense of the modal verbs is quite often used in spoken German:

dürfen – ich **durfte** (I was allowed to);
können – ich **konnte** (I could);
müssen – ich **musste** (I had to);
sollen – ich **sollte** (I should);
wollen – ich **wollte** (I wanted to);
mögen – ich **mochte** (I liked).

Future Tense

There are two ways of talking about the future in German.

a We can use the present tense and an expression of time to describe future events:

e.g. Ich **spiele** morgen Tennis — I'm playing tennis tomorrow.

b The future tense is formed by using the present tense of the verb **werden** with the **infinitive** at the end of the sentence or clause.

werden (normally means 'to become')

ich werde	wir werden
du wirst	ihr werdet
er / sie / es wird	Sie / sie werden

e.g. Ich **werde** morgen Tennis spielen. — I will play tennis tomorrow.
Hoffentlich **wird** das Wetter gut **bleiben**. — Hopefully the weather will stay good.

4 Word Order

In German the verb is always the second **idea** or **element** in a sentence although not necessarily the second word. eg.

1	2	3	4	5
Sie	**steht**	jeden Morgen	früh	auf.
Jeden Morgen	**steht**	sie	früh	auf.

In **commands**, the verb normally comes **first**.

e.g. **Komm** rein! — Come in!
Lies mal! — Read!

In **questions**, the verb either goes **first** or **after** the question word(s).

eg. **Spielst** du ein Instrument?   Do you play an instrument?
Wann **fährt** die Anstoß-Band   When is the Anstoß Band
nach Berlin?   travelling to Berlin?

Wann? Wie? Wo? (Time-Manner-Place)

In German, we can start a sentence with almost any word, as long as we keep the verb second, but after the verb the order of other expressions must always be in the order: **Time – Manner – Place**.

Conjunctions are **joining** words.
Main clauses are connected by means of co-ordinating conjunctions, which leave the verb in second place:

Und	and
Sondern	but, on the contrary
Oder	or
Denn	for, as (meaning because)
Aber	but, on the other hand

Subordinate clauses are often introduced by subordinating conjunctions which **do** affect the word order – they send the verb to the **end** of the sentence or clause:

eg. Peter spielt Tennis, **wenn** das Wetter gut **ist**.
Ich habe wenig Zeit, **weil** ich viel **arbeite**.

The conjunctions **weil** and **wenn** are very common and you can see that they have sent the verbs **ist** and **arbeite** to the end of the sentence.
If you begin a sentence with a conjunction, this has a different effect on the word order:

e.g. Wenn ich Sport **treibe, habe** ich gute Laune. (**verb**, **verb**)

As well as **wenn** and **weil** a number of other conjunctions affect word order:

bevor	before	**dass**	that
bis	as far as / until	**obwohl**	although
während	while	**als**	when
nachdem	after	**ob**	whether / if

Like **wenn** and **weil**, these conjunctions send the verb to the end of the sentence or clause:

e.g. Als ich meinen Vater **fragte, sagte** er natürlich „Nein ...“

Question words can also be used as subordinating conjunctions:
e.g. Er fragt, **warum** wir nicht **mitkommen**.

5   Negatives

Nicht is used to make a sentence negative:
e.g. Schreib **nicht** ins Buch!

kein is the word we use instead of **nicht ein**, and means 'not a' or 'no'
e.g. Hast du **keinen** Hunger?   Aren't you hungry?
Es ist **kein** Notfall.   It's not an emergency.

wenig means 'little' or 'not much'
e.g. Ich treibe **wenig** Sport   I don't do much Sport.
It is **invariable** in the singular.

nie means 'never'.
e.g. Meine Mutter lässt mich   My mother never leaves
nie in Ruhe!   me in peace!

weder ...... noch...... means 'neither ... nor ...'.
e.g. Weder mein Bruder **noch** meine Schwester spielt ein Instrument.
Ich kann also **weder** von zu Hause anrufen, **noch** vom Handy.

6   Adverbs

Adverbs describe how, when or where things are done.
In German, we use the adjective as an adverb:

slow – **langsam**	slowly – **langsam**
good – **gut**	well – **gut**

Because adverbs describe actions or times or places and not nouns, they are not affected by words which are masculine, feminine, neuter, plural, nominative, accusative or dative, and therefore never add endings!

If we want to compare one action with another, we can do so simply by adding **–er** to the adverb:

schneller – more quickly	**langsamer** – more slowly

Gut is more awkward, but very much like the English – which makes it quite easy to remember:

gut – good	**besser** – better

Gern is an adverb that we have met, which helps us to say what we like doing:
e.g. Ich spiele **gern** Tennis.   I like playing tennis.

We can say that we **prefer** doing something by using lieber:
e.g. Ich spiele gern Tennis, aber ich spiele **lieber** Fußball.

We can say what we **like doing best of all** by using **am liebsten**:
e.g. Ich **spiele gern** Tennis, ich **spiele lieber** Fußball, aber **am liebsten spiele** ich Golf.

7 Prepositions

a with the accusative

bis (until), **durch** (through), **entlang** (along), **für** (for), **gegen** (against), **ohne** (without), **um** (round).

e.g. Wir sitzen **um den** Tisch. (masculine)
Der Junge läuft **die** Straße **entlang**. (feminine)
Sie sind **ohne ihr** Auto gekommen. (neuter)
Wir kaufen Fahrkarten **für unsere** Kinder. (plural)

> **Pass auf!**
> The preposition **entlang** can have the noun **either after** it or **before** it. Usually it comes after!

Note: **Was für** + the **accusative**:
e.g. Was für einen Computer gibt es in deinem Zimmer?

b with the dative

aus (out of), **außer** (except), **bei** (at the house of), **mit** (with), **nach** (after), **seit** (since), **von** (from, by), **zu** (to, at), **gegenüber** (opposite).

e.g. Er fährt **mit dem** Bus in die Stadt. (masculine)
Müssen wir **mit der** U-Bahn fahren? (feminine)
Laura und Matthias fahren **mit dem** Fahrrad. (neuter)
Ich wohne noch **bei meinen** Eltern. (plural)

c with the dative or the accusative

an (at), **auf** (on), **hinter** (behind), **in** (in, into), **über** (over), **unter** (under), **neben** (next to), **vor** (in front of), **zwischen** (between)

These prepositions can be followed EITHER by the **accusative** case OR by the **dative case**:
Remember: **dative** for **position** and **accusative** for **movement**
e.g. Ich wohne **in der** Stadt. (dative)
Ich gehe **in die** Stadt. (accusative)

If the preposition describes **movement** from one place to another – use the **accusative**

e.g. Er wartet **hinter dem** Bahnhof. (masculine, dative)
Sie laufen **hinter einen** Wagen. (masculine, accusative)
Wir können **in der** Schule proben. (feminine, dative)
Wir gehen **in die** Stadt. (feminine, accusative)
Sie bleibt **in dem** Haus. (neuter, dative)
Ich steige **auf mein** Rad. (neuter, accusative)
Unsere Band darf **auf der** Schuldisko spielen. (feminine, dative)
Das Foto steht **zwischen den** Büchern. (plural, dative)
Sie laufen **zwischen die** Bäume im Park. (plural, accusative)

Shortened forms: Sometimes the preposition and the word following join together:

an + das = **ans**   auf + das = **aufs**
an + dem = **am**   zu der = **zur**
in + das = **ins**   zu dem = **zum**
in + dem = **im**

8 Pronomen

Nominative	Reflexive	Accusative	Dative
ich (I)	mich (myself)	mich (me)	mir (to me)
du (you)	dich (yourself)	dich (you)	dir (to you)
er (he, it)	sich (himself)	ihn (him, it)	ihm (to him, it)
sie (she, it)	sich (herself)	sie (she, it)	ihr (to her, it)
es (it)	sich (itself)	es (it)	ihm (to it)
wir (we)	uns (ourselves)	uns (us)	uns (to us)
ihr (you)	euch (yourselves)	euch (you)	euch (to you)
Sie (you)	sich (yourselves)	Sie (you)	Ihnen (to you)
sie (they)	sich (themselves)	sie (they)	ihnen (to them)

9 Possessive Pronouns

These pronouns are like the possessive adjectives **mein** (mine); **dein** (yours); **sein** (his, its); **ihr** (hers, its); **unser** (ours); **euer** (yours); **Ihr** (yours). They use the endings of **der / die / das**:
e.g. Wo sind unsere Taschen? Das ist **meine** und hier ist **deine**.

	Masculine	Feminine	Neuter
Nom.	meiner	meine	meins
Acc.	meinen	meine	meins
Dat.	meinem	meiner	meinem

Vokabeltipp — die Zahlen

0	null	15	fünfzehn	30	dreißig	90	neunzig
1	eins	16	sechzehn	31	einunddreißig	100	(ein)hundert
2	zwei	17	siebzehn	32	zweiunddreißig	101	(ein)hunderteins
3	drei	18	achtzehn	33	dreiunddreißig	102	(ein)hundertzwei
4	vier	19	neunzehn	34	vierunddreißig	103	(ein)hundertdrei
5	fünf	20	zwanzig	35	fünfunddreißig	125	(ein)hundertfünf- undzwanzig
6	sechs	21	einundzwanzig	36	sechsunddreißig	200	zweihundert
7	sieben	22	zweiundzwanzig	37	siebenunddreißig	300	dreihundert
8	acht	23	dreiundzwanzig	38	achtunddreißig	1000	tausend
9	neun	24	vierundzwanzig	39	neununddreißig	3000	dreitausend
10	zehn	25	fünfundzwanzig	40	vierzig	1984	neunzehnhundert- vierundachtzig
11	elf	26	sechsundzwanzig	50	fünfzig	2002	zweitausendzwei
12	zwölf	27	siebenundzwanzig	60	sechzig	1.000.000	eine Million
13	dreizehn	28	achtundzwanzig	70	siebzig		
14	vierzehn	29	neunundzwanzig	80	achtzig		

Wie spät ist es? / Wie viel Uhr ist es?

Es ist ein Uhr.	It is 1 o'clock.	Es ist fünf nach drei.	It is five past three.
Es ist fünf Uhr.	It is 5 o'clock.	Es ist viertel nach vier.	It is a quarter past four.
Es ist 21 Uhr.	It is 21.00/It is 9.00 p.m.	Es ist zwanzig vor fünf.	It is twenty to five.
Es ist Mittag.	It is midday.	Es ist viertel vor sechs.	It is a quarter to six.
Es ist Mitternacht.	It is midnight.	Es ist halb zwei.	It is half past one.

die Zahlen

1st	ersten	9th	neunten	26th	sechsundzwanzigsten
2nd	zweiten	10th	zehnten	27th	siebenundzwanzigsten
3rd	dritten	20th	zwanzigsten	28th	achtundzwanzigsten
4th	vierten	21st	einundzwanzigsten	29th	neunundzwanzigsten
5th	fünften	22nd	zweiundzwanzigsten	30th	dreißigsten
6th	sechsten	23rd	dreiundzwanzigsten	31st	einunddreißigsten
7th	siebten	24th	vierundzwanzigsten	40th	vierzigsten
8th	achten	25th	fünfundzwanzigsten		

Die Tage der Woche

Montag, Dienstag, Mittwoch, Donnerstag, Freitag, Samstag / Sonnabend, Sonntag

Die Monate

Januar, Februar, März, April, Mai, Juni, Juli, August, September, Oktober, November, Dezember

Ich habe am ersten Januar Geburtstag.	My birthday is on 1st January.
Mein Geburtstag ist am sechzehnten September.	My birthday is on 16th September.
Ich bin am sechsundzwanzigsten April geboren.	I was born on 26th April.

Infinitive	Present tense er/sie/es	Simple Past tense er/sie/es	Perfect tense Past participle	English
beginnen	beginnt	begann	begonnen	to begin
bekommen	bekommt	bekam	bekommen	to get, receive
beschließen	beschließt	beschloss	beschlossen	to decide
beschreiben	beschreibt	beschrieb	beschrieben	to describe
biegen	biegt	bog	gebogen	to bend, turn
bieten	bietet	bot/bat	geboten	to offer
bitten	bittet	bat	gebeten	to ask
bleiben	bleibt	blieb	* geblieben	to stay, remain
brechen	bricht	brach	gebrochen	to break, be sick
brennen	brennt	brannte	gebrannt	to burn, be on fire
bringen	bringt	brachte	gebracht	to bring, take
denken	denkt	dachte	gedacht	to think
dürfen	darf	durfte	gedurft	to be allowed to
einladen	lädt...ein	lud...ein	eingeladen	to invite
empfehlen	empfiehlt	empfahl	empfohlen	to recommend
sich entscheiden	entscheidet sich	entschied sich	sich entschieden	to decide
erhalten	erhält	erhielt	erhalten	to receive
erkennen	erkennt	erkannte	erkannt	to recognise
erschrecken	erschrickt	erschrak	* erschrocken	to get a fright
essen	isst	aß	gegessen	to eat
fahren	fährt	fuhr	* gefahren	to go, to drive
fallen	fällt	fiel	* gefallen	to fall
fangen	fängt	fing	gefangen	to catch
finden	findet	fand	gefunden	to find
fliegen	fliegt	flog	* geflogen	to fly
fliehen	flieht	floh	* geflohen	to flee, escape
fließen	fließt	floss	* geflossen	to flow
frieren	friert	fror	gefroren	to freeze, be cold
geben	gibt	gab	gegeben	to give
gefallen	gefällt	gefiel	gefallen	to please
gehen	geht	ging	* gegangen	to go, walk
geschehen	geschieht	geschah	* geschehen	to happen
gewinnen	gewinnt	gewann	gewonnen	to win
greifen	greift	griff	gegriffen	to grab, seize
haben	hat	hatte	gehabt	to have
halten	hält	hielt	gehalten	to hold, stop
hängen	hängt	hing	gehangen	to hang
heißen	heißt	hieß	geheißen	to be called
helfen	hilft	half	geholfen	to help
kennen	kennt	kannte	gekannt	to know (a person)
klingen	klingt	klang	geklungen	to sound
kommen	kommt	kam	* gekommen	to come
können	kann	konnte	gekonnt	to be able to
lassen	lässt	ließ	gelassen	to leave (a thing)
laufen	läuft	lief	* gelaufen	to run, walk
leihen	leiht	lieh	geliehen	to lend, borrow
lesen	liest	las	gelesen	to read
liegen	liegt	lag	gelegen	to lie
lügen	lügt	log	gelogen	to tell lies
messen	misst	maß	gemessen	to measure
mögen	mag	mochte	gemocht	to like
müssen	muss	musste	gemusst	to have to
nehmen	nimmt	nahm	genommen	to take

Infinitive	Present tense er/sie/es	Simple Past tense er/sie/es	Perfect tense Past participle	English
nennen	nennt	nannte	genannt	*to name, call*
reiten	reitet	ritt	* geritten	*to ride (a horse)*
rennen	rennt	rannte	* gerannt	*to run*
riechen	riecht	roch	gerochen	*to smell*
rufen	ruft	rief	gerufen	*to shout, call*
scheinen	scheint	schien	geschienen	*to shine, seem*
schlafen	schläft	schlief	geschlafen	*to sleep*
schlagen	schlägt	schlug	geschlagen	*to hit, strike*
schließen	schließt	schloss	geschlossen	*to close*
schneiden	schneidet	schnitt	geschnitten	*to cut*
schreiben	schreibt	schrieb	geschrieben	*to write*
schreien	schreit	schrie	geschrien	*to scream, shout*
schweigen	schweigt	schwieg	geschwiegen	*to be silent*
schwimmen	schwimmt	schwamm	* geschwommen	*to swim*
sehen	sieht	sah	gesehen	*to see*
sein	ist	war	* gewesen	*to be*
singen	singt	sang	gesungen	*to sing*
sitzen	sitzt	saß	gesessen	*to sit*
sollen	soll	sollte	sollen	*to be supposed to*
sprechen	spricht	sprach	gesprochen	*to speak*
springen	springt	sprang	* gesprungen	*to jump*
stehen	steht	stand	gestanden	*to stand*
stehlen	stiehlt	stahl	gestohlen	*to steal*
steigen	steigt	stieg	* gestiegen	*to climb, go up*
sterben	stirbt	starb	* gestorben	*to die*
stinken	stinkt	stank	gestunken	*to stink*
stoßen	stößt	stieß	gestoßen	*to push*
streichen	streicht	strich	gestrichen	*to paint, crossout*
sich streiten	streitet sich	stritt sich	sich gestritten	*to quarrel*
tragen	trägt	trug	getragen	*to carry, wear*
treffen	trifft	traf	getroffen	*to meet*
treiben	treibt	trieb	getrieben	*to do (sport)*
treten	tritt	trat	* getreten	*to step*
trinken	trinkt	trank	getrunken	*to drink*
tun	tut	tat	getan	*to do*
verbergen	verbirgt	verbarg	verborgen	*to hide*
verbieten	verbietet	verbot	verboten	*to forbid*
verbringen	verbringt	verbrachte	verbracht	*to spend (time)*
vergessen	vergisst	vergaß	vergessen	*to forget*
vergleichen	vergleicht	verglich	verglichen	*to compare*
verlassen	verlässt	verließ	verlassen	*to leave (a place)*
verlieren	verliert	verlor	verloren	*to lose*
verschwinden	verschwindet	verschwand	* verschwunden	*to disappear*
versprechen	verspricht	versprach	versprochen	*to promise*
verstehen	versteht	verstand	verstanden	*to understand*
verzeihen	verzeiht	verzieh	verziehen	*to pardon, excuse*
wachsen	wächst	wuchs	* gewachsen	*to grow*
waschen	wäscht	wusch	gewaschen	*to wash*
werden	wird	wurde	* geworden	*to become*
werfen	wirft	warf	geworfen	*to throw*
wissen	weiß	wusste	gewusst	*to know (a fact)*
wollen	will	wollte	gewollt	*to want*
ziehen	zieht	zog	gezogen	*to pull*
zwingen	zwingt	zwang	gezwungen	*to force*

Wortschatz Deutsch – Englisch

German		English

A

	ab und zu	off and on, now and then
das	Abendessen (-)	dinner
	abends	in the evening
die	Abfahrt	departure
	abholen	to pick up
	ablehnen	to turn down
	abnehmen	to lose weight
	abspülen	to wash the dishes
	abtrocknen	to dry the dishes
der	Actionfilm (-e)	action film
	allein	alone, on your own
	allergisch gegen	allergic to
	Alles klar?	Everything OK?
	als Erstes …	firstly / at first, …
	alt	old
	altmodisch	old fashioned
	Amerika	America
der/die	Amerikaner / -in	American
	anders	differently
	anderswo	elsewhere
	Angst haben	to be afraid
	ankommen	to arrive
die	Ankunft	arrival
	anprobieren	to try on
der	Apfel (Äpfel)	apple
der	Apfelsaft	apple juice
die	Apfelsine (-n)	orange
die	Apotheke	dispensing chemist
der	April	April
das	Aquarium (Aquarien)	aquarium
die	Arbeit	work
	arbeiten	to work
	auch	also, too
	auf Wiederhören	goodbye (on phone)
	auf Wiedersehen	good bye
	aufmachen	to open
	aufräumen	to tidy up
	aufstehen	to get up
der	Auftritt (-e)	appearance (on stage)
	aufwachen	to wake up
das	Auge (-n)	eye
der	August	August
das	Auto (-s)	car
	babysitten	to babysit

B

die	Bäckerei	baker's
das	Bad (Bäder)	bath, bathroom
das	Badezimmer (-)	bathroom
die	(S-)Bahn	tram / train
der	Bahnhof (~höfe)	station
der	Balkon (-s)	balcony
die	Banane (-n)	banana
die	Bandprobe (-n)	band practice
die	Bank (-en)	bank, bench
die	Bedienung (-en)	service
	beginnen	to begin
der	Behindertenausweis (-e)	disabled card
die	Beilage (-n)	side dish
das	belegte Brot (-e)	sandwich
	Belgien	Belgium
der/die	Belgier / -in	Belgian
	bemalt	painted
der	Berg (-e)	mountain
der	Bernhardiner (-)	St Bernard dog
	bestätigen	to confirm
	bestellen	to order
der	Besuch (-e)	visit
das	Bett (-en)	bed
	bewölkt	cloudy
	bezahlen	to pay
das	Bier (-e)	beer
das	Bild (-er)	picture
die	Biologie	Biology
	bis	until
	bis bald	see you soon
	bitte	please
	bitter	bitter
das	Blatt Papier (Blätter Papier)	piece of paper (pieces of paper)
	blau	blue
	blöd	stupid
	blond	blond
die	Blume (-n)	flower
die	Bockwurst (~würste)	Frankfurter sausage
der	Bodensee	Lake Constance
die	Boutique	boutique
der	Braten (-)	roast meat
die	Bratwurst (~würste)	fried sausage
	brauchen	to need
	braun	brown
der	Brief (-e)	letter
der/die	Brite / Britin	British (m / f)

das	Brot (-e)	bread
das	Brötchen (-)	crusty roll
die	Brücke (-n)	bridge
der	Bruder (Brüder)	brother
das	Buch (Bücher)	book
die	Buchhandlung (-en)	bookshop
die	Bude (-n)	den, burrow
	bunt	colourful
das	Büro (-s)	study
der	Bus (-se)	bus
die	Butter	butter
das	Butterbrot (-e)	sandwich

C

das	Café (-s)	café
der	Campingurlaub (-e)	camping holiday
der	CD-Spieler (-)	CD player
das	Chaos	chaos
die	Chemie	Chemistry
die	Chips (pl.)	crisps
der	Chor (Chöre)	choir
der	Computer (-)	computer
	cool	cool
die	Cornflakes (pl.)	breakfast cereal
der	Cousin (-s)	cousin

D

das	Dach (Dächer)	roof
	danach	after that
	danke	thank you
	dann	then
das	Datum (Daten)	date
	dauern	to last
das	Deutsch	German
der/die	Deutsche	German
	Deutschland	Germany
der	Dezember	December
der	Dienstag	Tuesday
die	Disko (-s)	disco
die	Dokumentation (-en)	documentary
der	Dom (-e)	cathedral
der	Donnerstag	Thursday
	doof	stupid
das	Doppelzimmer (-)	double room
das	Dorf (Dörfer)	village
das	Drama (-s)	drama
die	Drogerie (-n)	chemist
	drohen mit	to threaten with
	du	you
	durch	through

der	Durchfall	diarrhoea
das	DVD (-s)	DVD

E

das	Ei (-er)	egg
	eigen	own
	einfach	easy
die	einfache Fahrt (einfachen Fahrten)	single journey
	einkaufen gehen	to go shopping
die	Einladung (-en)	invitation
der	Eintritt	entrance
das	Einzelzimmer (-)	single room
das	Eis (-)	ice cream
die	Eltern (pl.)	parents
Am	Ende	In the end / finally,
	enden	to end
die	Energie	energy
die	Energieverschwendung	waste of energy
	England	England
der/die	Engländer / -in	English
das	Englisch	English
	entfernt	away
	Entschuldigen Sie, bitte	Excuse me, please
die	Entschuldigung (-en)	sorry / excuse me
	entspannt	relaxed
die	Erdbeere (-en)	strawberry
das	Erdgeschoss (-e)	ground floor
die	Erdkunde	Geography
die	Erkältung (-en)	cold
	erlauben	to allow
	ernst	serious
der	Erwachsene (-n)	adult
	Es tut mir Leid.	I am sorry.
	essen	to eat
das	Essen (-)	food
das	Esszimmer (-)	dining room
die	Etage (-n)	floor

F

das	Fach (Fächer)	subject
die	Fähre (-)	ferry
	fahren	to travel, go (by vehicle)
die	Fahrkarte (-n)	ticket
der	Fahrplan (~pläne)	time table
das	Fahrrad (Fahrräder)	bicycle
	falsch	wrong
die	Familienkarte (-n)	family ticket
die	Farbe (-n)	colour
	faul	lazy

der	Februar	February
die	Federboa	feather boa
der	Feiertag (-e)	bank holiday
das	Fell (-e)	coat / fur (of an animal)
das	Fenster (-)	window
die	Ferien	holiday
der	Ferienjob (-s)	holiday job
das	Fernsehen (-)	television
	fernsehen	to watch TV
der	Fernseher (-)	television set
die	Fernsehserie (-n)	soap
das	Fest (-e)	a festival
	fettig	greasy
das	Fieber	temperature
der	Fisch (-e)	fish
	fit	fit
	Flämisch	Flemish
die	Flasche (-n)	bottle
das	Fleisch	meat
	fleißig	hard-working
die	Fliege (-n)	fly
die	Flöte (-n)	flute
das	Flugzeug (-e)	plane
der	Flur (-e)	hall
das	Foto (-s)	a photo
	fotografieren	to take photographs
	Frankreich	France
der/die	Franzose / Französin	French
	Französisch	French
die	Frau (-en)	lady, wife, Mrs
	frech	cheeky
der	Freitag	Friday
die	Freizeit	free time
die	Fremdsprache (-n)	foreign language
der	Freund (-e)	friend (m)
die	Freundin (-nen)	friend (f)
	friedlich	peaceful
der	Frisör	hair dresser's
	Frohe Ostern!	Happy Easter!
	Frohe Weihnachten!	Happy Christmas!
	Frohes neues Jahr!	Happy New Year!
	früh	early
der	Frühling	spring
das	Frühstück (-e)	breakfast
	für	for
der	Fußball (~bälle)	football
der	Fußballplatz (~plätze)	football pitch
das	Fußballturnier (-e)	a football match

G

	Gälisch	Welsh
	ganz rechts	on the far right
die	Garage (-n)	garage
der	Garten (Gärten)	garden
der	Gast (Gäste)	guest
das	Gästezimmer (-)	guestroom
die	Gastfreundschaft	hospitality
der	Geburtstag (-e)	birthday
	gefallen	to please, like
	gehen	to go (on foot)
die	Geige (-n)	violin
	gemütlich	comfortable
	geöffnet	open
das	Gepäck	luggage
	gerade	straight
	geradeaus	straight on
das	Gericht (-e)	meal
das	Geschäft (-e)	shop
die	Geschäftszeiten	opening hours
das	Geschenk (-e)	the present
die	Geschichte (-n)	History, story
	geschieden	divorced
die	Geschwister (pl.)	brothers and sisters
die	Gesellschaft (-en)	society / company
	gestern	yesterday
	gestreift	striped
	gestresst	stressed
	gesund	well
das	Getränk (Getränke)	drink
das	Gewitter (-)	stormy
die	Gitarre (-n)	guitar
das	Gleis (-)	platform
die	Grammatik	grammar
	grau	grey
der/die	Grieche / Griechin	Greek
	Griechenland	Greece
	Griechisch	Greek
die	Grippe	flu
	groß	large, tall, big
	Großbritannien	Great Britain
die	Größe	size
die	Großeltern (pl.)	grandparents
die	Großmutter (~mütter)	grandmother
der	Großvater (~väter)	grandfather
	grün	green
	gut	good, well
	Gute Nacht	good night
	Guten Abend	good evening
	Guten Morgen	good morning
	Guten Tag	good morning / afternoon

H

das	Haar (-e)	hair
das	Hähnchen (-)	(fried) chicken
die	Halbpension	half board
	Hallo	hello
der	Hals (Hälse)	throat
die	Haltestelle (-n)	bustop
der	Hamster (-)	hamster
das	Handy (-s)	mobile phone
	hässlich	ugly
das	Hauptgericht (-e)	main course
das	Haus (Häuser)	house
	Hausarrest haben	to be grounded
die	Hausaufgaben (pl.)	homework
das	Heft (-e)	exercise book
	heiß	hot
	hellblau	light blue
das	Hemd (-en)	shirt
der	Herbst	autumn
	Herzlichen Glückwunsch zum Geburtstag!	Happy birthday!
	heute	today
	heute Morgen	this morning
das	Himmelbett (~betten)	four poster bed
die	Hin- und Rückfahrt	return journey
	hinten	at the back
das	Hobby (-s)	hobby
das	Hochhaus (~häuser)	high rise building
	höflich	polite
der	Honig	honey
	hören	to hear, listen to
der	Horrorfilm (-e)	horror film
die	Hose (-n)	trousers
	hübsch	pretty
der	Hund (-e)	dog
der	Husten	cough
der	Hustensaft	cough medicine

I

	Igitt!	Yuk!
	immer	always
die	Industrie (-n)	industry
die	Informatik	ICT
die	Inline-Skater	roller blades
die	Insel (-n)	island
das	Instrument (-e)	instrument
	interessant	interesting
	auf dem Internet surfen	to surf the net
ein	Interview machen	to conduct an interview
der/die	Ire / Irin	Irishman / -woman

	Irland	Ireland
	Italien	Italy
der/die	Italiener / -in	Italian (m / f)
	Italienisch	Italian

J

	ja	yes
die	Jacke (-n)	jacket
das	Jahrhundert (-e)	century
der	Januar	January
	jeder, jede, jedes	each
	jetzt	now
der/das	Joghurt (-s)	yoghurt
die	Jugendherberge (-n)	youth hostel
das	Jugendzentrum (~zentren)	youth club
der	Juli	July
	jung	young
der	Juni	June

K

der	Kaffee (-s)	coffee
	kalt	cold
das	Kaninchen (-)	rabbit
die	Karte (-n)	ticket
die	Kartoffel (-n)	potatoes
der	Käse (-)	cheese
die	Katze (-n)	cat
das	Kaufhaus (~häuser)	department store
der	Keller (-)	cellar
der	Kellner (-)	waiter
	kennen lernen	to meet
der	Ketschup (-s)	ketchup
das	Kilo (-s)	kilo
das	Kind (-er)	child
die	Kindersendung (-en)	children's programme
das	Kino (-s)	cinema
die	Kirsche (-n)	cherry
die	Klamotten (pl.)	clothes (colloquial)
die	Klasse (-n)	class
die	Klassenarbeit (-en)	test
	klassisch	classical
das	Klavier (-e)	piano
der	Kleiderschrank (~schränke)	wardrobe
die	Kleidung (-en)	clothes
	klein	small
	kochen	to cook
der	Koffer (-)	suitcase
	kommen	to come

die	Komödie (-n)	comedy
das	Konzert (-e)	concert
der	Kopf	head
der	Körper (-)	body
das	Kostümfest (-e)	fancy dress party
	Krach machen	to be noisy
	krank	ill
	krank werden	to get ill
	kraus	frizzy
die	Kreditkarte (-n)	credit card
die	Kreuzung (-en)	crossing
	kriegen	to get
der	Krimi (-s)	thriller
die	Küche (-n)	kitchen
der	Kuchen (-)	cake
die	Kunst	Art
	kurz	short

L

das	Lamm (Lämmer)	lamb
die	Lampe (-n)	lamp
das	Land (Länder)	country
	lang	long
	langsam	slow
	langsamer	more slowly
	langweilig	boring
	laut	noisy
das	Leben	life
der	Lebenspartner (-)	live-in partner (m.)
die	Lebenspartnerin (-nen)	live-in partner (f.)
	lecker	delicious
	ledig	unmarried
der	Lehrer (-)	teacher (m.)
die	Lehrerin (-nen)	teacher (f.)
	leider	unfortunately
	leihen	to lend
	lernen	to learn
	lesen	to read
	letzte Woche	last week
	letzten Monat	last month
	letztes Jahr	last year
	lieb	sweet
die	Liebe	love
der	Liebesfilm (-e)	romantic film
die	Lieblingsband (-s)	favourite band
das	Lieblingsfach (~fächer)	favourite subject
die	Lieblingsmannschaft (-en)	favourite club
der	Lieblingsmusiker (-)	favourite musician
der	Lieblingsspieler (-)	favourite player
	Liechtenstein	Liechtenstein
der/die	Liechtensteiner / -in	Liechtensteiner

das	Lied (-er)	song
	lila	lilac, purple
die	Limonade (-n)	lemonade
	links	(on the) left
der	Liter (-)	litre
	locker	laid-back, cool
	lockig	curly
	lustig	funny
	Luxemburg	Luxembourg
der/die	Luxemburger / -in	Luxembourger
die	Luxus-Wohnung (-en)	luxury apartment

M

	machen	to do / make
der	Magen (Mägen)	stomach
der	Mai	May
	malen	to paint
	man	one, you
	manchmal	sometimes
der	Mann (Männer)	Man (men)
der	Marktplatz (~plätze)	market place
die	Marmelade (-n)	jam
der	März	March
die	Mathe(matik)	Maths
das	Meer (-e)	sea
die	Mehrfahrtenkarte (-n)	multiple journey ticket
	meistens	mainly, most of the time
die	Metzgerei	butcher's
die	Milch	milk
	mild	mild, bland
das	Mineralwasser (-)	mineral water
das	Mittagessen (-)	lunch
	mittags	at lunchtime
die	Mittagspause (-n)	lunch break
die	Mitte	middle
der	Mittelfeldspieler (-)	midfield player
	mittelgroß	medium-sized, average height
	mittellang	average length
der	Mittwoch	Wednesday
	modern	modern
die	Möhre (-n)	carrot
der	Montag	Monday
	morgen	tomorrow
	morgens	in the morning
	müde	tired
der	Müll	rubbish
das	Museum (Museen)	museum
das	Musical (-s)	musical
die	Musik	music
	Musik hören	to listen to music

der	Musiker	musician (m)
die	Musikerin	musician (f)
das	Musikgeschäft	music shop
die	Musiksendung (-en)	music programme
die	Mutter (Mütter)	mother
die	Mutti (-s), Mama (-s), Mami (-s)	mum, mam, mummy

N

der/die	Nachbar / -in	neighbour, person next to you
die	Nachhilfe	private tuition
der	Nachtisch (-e) /	dessert
das	Dessert (-s)	dessert
	nachts	at night
	nah	near
in der	Nähe von	near
die	Natur	nature
	nebelig	foggy
	nein	no
	nervtötend	nerve-wrecking
	nett	nice
	neu	new
	nicht	not
	nichts	nothing
	nie	never
die	Niederlande	Netherlands
der/die	Niederländer / -in	Dutch (m / f)
	Niederländisch	Dutch
	nochmal	again
	nord	north
der	Nord	the north
im	Norden	in the North
der	Nordosten	north east
	normal	normal
die	Note (-n)	mark
der	November	November
die	Nudel (-n)	pasta
die	Nummer (-n)	number

O

	oben	at the top
die	Öffnungszeiten	opening hours
	oft	often
die	Oktober	October
die	Oma (-s), Omi (-s), Großmama (-s)	gran, granny, grandma
der	Onkel (-)	uncle
der	Opa (-s), Opi (-s), Großpapa (-s)	Granddad, grandpa
	orange	orange (colour)

die	Orange	orange (fruit)
die	Orangenmarmelade (-n)	marmalade
der	Orangensaft (~säfte)	orange juice
	Ost	east
der	Osten	the east
im	Osten	in the East
das	Osterei (-er)	Easter egg
das	Osterfeuer (-)	Easter bonfire
der	Osterhase (-n)	Easter bunny
das	Ostern	Easter
	Österreich	Austria
der/die	Österreicher / -in	Austria (m / f)
die	Ostsee	Baltic sea

P

der	Park (-s)	park
die	Party (-s)	party
der	Partykeller (-)	party cellar
	passen	to fit
die	Pension (-en)	guest house
der	Pfeffer	pepper
das	Pferd (-e)	horse
das	Pflaster (-)	plaster
die	Physik	Physics
die	Pizza (Pizzen)	pizza
der	Plan (Pläne)	plan
der/die	Pole, Polin	Polish (m / f)
	Polen	Poland
	Polnisch	Polish
die	Pommes (Frites)	chips
die	Position (-en)	position
das	Poster (-)	poster
die	Praxis	surgery
die	Prüfungsangst	exam nerves
der	Pullover (-)	pullover

R

den	Rasen mähen	to mow the lawn
die	Ratte (-n)	rat
	rauchen	to smoke
	raus gehen	to go out
die	Rechnung (-en)	bill
	rechts	(on the) right
	recyceln	to recycle
das	Regal (-e)	shelf
der	Regisseur (-e)	director
	regnen	to rain
	reichen	to be enough
der	Reis	rice
die	Reise (-n)	journey

	reiten	to ride
die	Religion (-en)	RE, religion
	renovierungsbedürftig	in need of renovation
die	Reservierung (-en)	booking
das	Restaurant (-s)	restaurant
das	Rezept (-e)	prescription
der	Rhein	Rhine
	richtig	correct / right
die	Richtung (-en)	direction
der	Rock (Röcke)	skirt
	Rollschuh fahren	to go roller skating
der	Rollstuhl (~stühle)	wheelchair
	romantisch	romantic
	rosa	pink
	rot	red / ginger (of hair)
	ruhig	quiet
der/die	Russe, Russin	Russian
	Russland	Russia

S

der	Salat (-e)	salad
die	Salbe (-n)	cream
das	Salz	salt
	salzig	salty
die	Sammlung (-en)	collection
der	Samstag	Saturday
der	Sänger / -in	singer
	sauer	sour
das	Sauerkraut	pickled, cooked cabbage
	scharf	hot, spicy
	schenken	to give as a present
das	Schiff (-e)	ship
die	Schildkröte (-n)	tortoise
der	Schinken (-)	ham
	schlafen	to sleep
das	Schlafzimmer (-)	bedroom
das	Schlagzeug (-e)	drums
	schlecht	bad
die	schlechte Laune	bad mood
zum	Schluss	in the end / finally
der	Schlüssel (-)	key
das	Schlüsselkind (-er)	latchkey child
die	Schnecke (-n)	snail
	schneien	to snow
der	Schnupfen	head cold
die	Schokolade (-n)	chocolate
	schön	beautiful / handsome
	Schöne Ferien!	Have a nice holiday!
der	Schotte (-n)	Scot
die	Schottin (-nen)	Scot (f)
	Schottland	Scotland

der	Schrank (Schränke)	cupboard
	schreiben	to write
der	Schreibtisch (-e)	desk
das	Schreibwarengeschäft	stationer's
die	Schuhe (pl.)	shoes
die	Schule (-n)	school
die	Schülerkarte (-n)	student card
das	Schuljahr (-e)	school year
die	Schuluniform (-en)	school uniform
der	Schulweg (-e)	way to school
	schützen	protect
	schwarz	black
die	Schweiz	Switzerland
der/die	Schweizer / -in	Swiss (m / f)
die	Schwester (-n)	sister
	schwierig	difficult
	schwimmen	to swim
	schwindelig	dizzy
	seekrank	sea sick
die	Sehenswürdigkeit (-en)	sight
die	Seite (-n)	page
das	Selbstvertrauen	self-confidence
	selten	rarely
der	Senf	mustard
der	September	September
der	Sessel (-)	seat
	sich abtrocknen	to dry (oneself)
	sich anziehen	to put on / to get dressed
	sich ausziehen	to undress oneself
	sich duschen	to shower
	sich fönen	to blow dry
	sich freuen auf	to look forward to
	sich interessieren für	to be interested in
	sich kämmen	to comb
	sich rasieren	to shave
	sich schminken	to make up
	sich sonnen	to sunbathe
	sich umziehen	to get changed
	sich verfahren	to be lost (in a car)
	sich verlaufen	to be lost (on foot)
	sich waschen	to wash (oneself)
	sitzen bleiben	to be kept back a year at school
das	Skateboard (-s)	skateboard
	Ski fahren	to ski
das	Sofa (-s)	Sofa, settee
der	Sommer	summer
der	Sonnabend	Saturday
die	Sonne	sun
der	Sonnenbrand	sunburn
der	Sonntag	Sunday

die	Sozialkunde	Social Studies	
	Spanien	Spain	
der/die	Spanier / -in	Spaniard (m/f)	
	Spanisch	Spanish	
	sparen	save, conserve	
der	Spaß	fun	
	spät	late	
	später	later	
	Spaziergang machen	to go for a walk	
die	Speisekarte (-n)	menu	
	spielen	to play	
der	Spielfilm (-e)	film	
die	Spielshow (-s)	game show	
der	Sport	PE	
	Sport treiben	to play sport, to exercise	
	sportlich	sporty	
die	Sportsendung (-en)	sports programme	
die	Sprechstunde (-n)	surgery hours	
die	Spritze (-n)	an injection	
die	Stadt (Städte)	town	
die	Stadtmitte (-n)	town centre	
der	Stadtrand (-ränder)	edge of town	
die	Stadtrundfahrt (-en)	sightseeing tour	
	Staub saugen	to do the vacuuming	
die	Stiefmutter (-mütter)	stepmother	
der	Stiefvater (-väter)	stepfather	
der	Stift (-e)	pen	
die	Stimme (-n)	voice	
	stimmen	to be correct/right	
der	Stock (Stöcke)	floor	
	streng	strict	
die	Studentenermäßigung	student reduction	
der	Stuhl (Stühle)	chair	
der	Stummfilm (-e)	silent movie	
der	Stürmer (-)	forward (football)	
	suchen	to look for	
	Süd	south	
der	Süden	the south	
im	Süden	in the South	
der	Supermarkt (-märkte)	supermarket	
die	Suppe (-n)	soup	
	suspekt	suspicious	
	süß	sweet, cute	

T

die	Tablette (-n)	pill
die	Tagessuppe (-n)	soup of the day
die	Talkshow (-s)	talkshow
die	Tante (-n)	aunt
	tanzen	to dance
die	Tasche (-n)	bag

das	Taschengeld	pocket money
die	Technologie	Technology
der	Tee (-s)	tea
der	Teilzeitjob (-s)	part-time job
die	Telefonnummern (-n)	telephone number
das	Tennis	tennis
die	Tennismannschaft (-en)	tennis team
der	Teppich (-e)	carpet
der	Termin	appointment
	teuer	expensive
das	Theater (-)	theatre
das	Thermometer (-)	thermometer
der	Tisch (-e)	table
das	Tischtennis	table tennis
die	Toilette (-n)	toilet
	toll	great
die	Tomate (-n)	tomato
die	Torte (-n)	gateau
der	Torwart (-e)	goal keeper
der	Trainer (-)	Coach
der	Traumberuf (-)	dream job
	traurig	sad
	treffen	to meet
die	Treppe (-n)	staircase
	trinken	to drink
	tschüs	good bye
das	T-Shirt (-s)	T-shirt
die	Tür (-en)	door
der	Türke (-en)	Turk (m.)
die	Türkei	Turkey
die	Türkin / -nen	Turk (f.)
	Türkisch	Turkish
das	TV (-s)	television
	typisch	typical

U

die	U-Bahn	underground
	übel	bad, sick
	übernachten	to stay the night
die	Übernachtung mit Frühstück	bed and breakfast
die	Umkleidekabine (-n)	changing rooms
	umsteigen	to change [trains / buses]
die	Umwelt	environment
	umweltfreundlich	environmentally friendly
die	Umweltverschmutzung	pollution
	unfit	unfit
	ungemütlich	uncomfortable
	unten	at the bottom
die	Unterkunft (-künfte)	accommodation
	unwohl	unwell

der	Urlaub (-e)	holiday
das	Urlaubsziel (-e)	holiday destination

V

der	Vater (Väter)	father
der	Vati (-s), Papa (-s), Papi (-s)	dad, daddy
der	Vegetarier (-)	vegetarian
der	Verband	bandage
	verboten	to forbid
	verdorben	evil
der	Verein (-e)	club
	verheiratet	married
der	Verkehr	traffic
	verknöchert	fossilised, like an old fossil
	verletzt	injured
	verschieden	different
	verschreiben	to prescribe
	verstecken	to hide
	verstehen	to understand
der	Verteidiger (-)	defender
der/die	Verwandte (-n)	relation
der	Verweis (-e)	reprimand / rebuke
das	Video (-s)	video
der	Videorecorder (-)	video recorder
	viel	a lot of
	Viel Erfolg!	Lots of success!
	Viel Glück!	Good luck!
	Viel Spaß!	Have a nice day!
	vielleicht	perhaps, maybe
	violett	violet
der	Vogel (Vögel)	bird
die	Vollpension	full board
	von	from, of
	vor 10 Jahren	10 years ago
	vor drei Monaten	three months ago
	vor drei Tagen	three days ago
	vor fünf Minuten	five minutes ago
	vor zwei Stunden	two hours ago
	vorgestern	the day before yesterday
	vorletzte Woche	two weeks ago
	vormittags	in the mornings
	vorne	at the front
die	Vorspeise (-en)	starter

W

	Wales	Wales
der/die	Waliser / -in	Welsh (m / f)
	Walisisch	Welsh
die	Wand (Wände)	wall
	Wann?	When?

	warm	hot, warm
	warten	to wait
	Warum?	Why?
	Was?	What?
	weh tun	to hurt
das	Weihnachten	Christmas
der	Wein (-e)	wine
	weiß	white
	weit	far
	weit weg	far away
	Welche?	Which?
	wenig	very little
	Wer?	Who?
	werktags	weekdays
	West	west
der	Westen	the west
im	Westen	in the West
der	Western (-)	western movie
	Wie bitte?	Pardon? / Sorry?
	Wie lange?	How long?
	Wie?	How ?
	wiedersehen	to see again
	Wien	Vienna
	Willkommen!	Welcome!
	windig	windy
der	Winter	winter
	wirklich	really
der	Witz (-e)	joke
	Wo?	Where?
die	Woche (-n)	week
das	Wochenende (-n)	weekend
	Woher?	Where from?
	wohl	well
das	Wohnblock (~blöcke)	block of flats
	wohnen	to live
die	Wohnung (-en)	flat
das	Wohnzimmer (-)	living room
die	Wurst (Würste)	sausage
das	Würstchen (-)	small sausage

Z

die	Zahnschmerzen	toothache
die	Zeitung (-en)	newspaper
der	Zeltplatz (~plätze)	space for a tent
die	Zentralheizung (-en)	central heating
das	Zimmer (-)	room
die	Zitrone (-n)	lemon
der	Zoo (-s)	zoo
der	Zucker	sugar
der	Zug (Züge)	train
	zumachen	to shut
	zunehmen	to put on weight

Grammar Reference